闫坤 等著

支持制造强国战略的
财税政策研究

THE FISCAL AND TAXATION POLICY FOR IMPLEMENTING THE STRATEGY
OF CHINESE MANUFACTURING POWER

中国社会科学出版社

图书在版编目（CIP）数据

支持制造强国战略的财税政策研究／闫坤等著. —北京：中国社会科学
出版社，2017.2

ISBN 978 - 7 - 5161 - 9958 - 9

Ⅰ.①支… Ⅱ.①闫… Ⅲ.①制造工业—财政政策—研究—中国②制造
工业—税收政策—研究—中国 Ⅳ.①F426.4②F812.0③F812.422

中国版本图书馆 CIP 数据核字（2017）第 039357 号

出 版 人 赵剑英
责任编辑 王 茵
特约编辑 周枕戈
责任校对 胡新芳
责任印制 王 超

出 版 中国社会科学出版社
社 址 北京鼓楼西大街甲 158 号
邮 编 100720
网 址 http://www.csspw.cn
发 行 部 010 - 84083685
门 市 部 010 - 84029450
经 销 新华书店及其他书店

印 刷 北京明恒达印务有限公司
装 订 廊坊市广阳区广增装订厂
版 次 2017 年 2 月第 1 版
印 次 2017 年 2 月第 1 次印刷

开 本 710×1000 1/16
印 张 13
字 数 174 千字
定 价 49.00 元

前　　言

　　自 18 世纪中期工业文明开启以来，制造业就是一国国民经济的重中之重，是一个国家兴旺强盛的根基。自改革开放以来，中国制造业飞速发展，逐渐建成了完整、独立的产业体系，已经成为"世界的工厂"，构成了全球价值链不可或缺的一部分，不仅推动了中国现代化和工业化的步伐，促进了经济持续高速发展，也为中国综合国力的增强做出了不可磨灭的贡献。但是，中国制造业与世界发达国家相比仍然存在较大的差距，尤其是在资源的有效利用、产能效率、自主创新能力、产品的科技含量、产业的附加值等方面，面临着产业转型升级的艰巨任务。随着劳动力等要素成本的提高，中国正逐渐失去低制造业成本的竞争优势，面临着前所未有的双重挑战：一方面，高端制造业向发达国家回流，另一方面，低端制造业向低成本国家转移。因此，我们需要加强统筹规划和前瞻部署，实施制造业强国战略，建立具有竞争力的制造业，推动科技创新能力、经济创造能力、能源节约能力、环境保护能力和社会服务能力的提升，向新型化制造业升级转型。

　　新的制度、要素、国际和技术条件决定了中国的工业化进程开始进入新的阶段，党的十八大有关全面深化改革的战略部署为我国工业转型升级创造了新的有利制度环境，以"第三次工业革命"为主体的新一轮技术变革成为中国制造业下一步发展面临的严峻挑战和重大机遇，以

TPP 为核心的国际贸易和投资秩序形成将促进新一轮全球制造业布局和竞争优势的重构，日益趋紧的资源环境约束和劳动供给的结构性变化要求中国的工业发展模式进行深刻调整。在这样的背景下，对未来工业在中国经济社会中的基本功能和定位、对工业的总体发展方向和路径、对政府在促进工业强国建设中的作用和措施、对财政税收政策如何支持装备制造业提升竞争力以及作用机制等一系列核心问题进行深入的研究和分析，具有重大的实践和政策意义。

本报告主要侧重于，一是明确未来制造业在中国经济社会中的基本功能和定位，二是分析制造业的总体发展方向和路径，三是探讨政府在推动制造业强国战略中的作用和措施，四是研究健全财政税收政策支持制造业发展的作用机制，五是提出推动中国制造由大变强，使中国制造包含更多中国创造因素，促进经济保持中高速增长、向中高端水平迈进的重点任务和政策安排。

本报告的作者还有江飞涛、何强、程瑜、张鹏、于树一、刘新波、蔡宏宇。此外，闫坤和于树一同志对书稿进行了全面修改和最后统稿，感谢各位作者的智力贡献！本书的撰写和出版还得到中国社会科学出版社和工信部的资助，特别是出版社的领导和编辑人员为本书的编辑出版付出了大量心血，在此一并表示感谢。最后，本书还存在着一些不足，希望读者提出宝贵意见，以便我们在今后的研究工作中加以改正。

目　　录

第一章

理论综述及对《中国制造 2025》的述评

一　研究意义

自 18 世纪中期工业文明开启以来，制造业就是一国国民经济的重中之重，是一个国家兴旺强盛的根基。自改革开放以来，我国制造业飞速发展，逐渐建成了完整、独立的产业体系，已经成为"世界的工厂"，构成了全球价值链不可或缺的一部分，不仅推动了我国现代化和工业化的步伐，促进了经济持续高速发展，也为我国综合国力的增强做出了不可磨灭的贡献。不过，我国制造业与世界先进发达国家相比仍然存在巨大的差距，尤其是在资源的有效利用、产能效率、自主创新能力、产品的科技含量、产业的附加值等方面，面临着产业转型升级的艰巨任务。

当前世界正发生着一场以工业互联网、智能制造为代表的新一轮技术创新浪潮和产业变革，与我国产业结构升级的历史新任务形成交汇。德国率先提出"工业 4.0"高科技战略计划；欧盟提出在 2020 年前，制造业在经济增长中所占的比例要从目前欧盟国家平均值的 16% 增加到 20% 的目标；英国希望通过"再工业化"的新手段和新政策增加商业投资和交易量；美国则正在计划一场"工业复兴"，试图回到以制造业为主体的经济模式上来；世界范围内新一轮的工业革命正在步步深化。与此同时，国际产业分工格局也正在发生悄然的变化，随着劳动力等要素成本的提高，我国正逐渐失去低制造业成本的竞争优势，面临着前所未有的双重挑战：一方面，高端制造业向发达国家回流；另一方面，低端制造业向低成本国家转移。因此，我们需要加强统筹规划和前瞻部署，实施制造业强国战略，建立具有竞争力的制造业，推动科技创新能力、经济创造能力、能源节约能力、环境保护能力和社会服务能力的提升，向新型化制造业升级转型。

国务院总理李克强在 2015 年年初主持召开的国务院常务会议上，部署加快推进实施"中国制造 2025"，"实现制造业升级，坚持创新驱动、智能转型、强化基础、绿色发展，加快从制造大国转向制造强国"。会议指出，制造业是国民经济的重要支柱和基础，我国正处于加快推进工业化的进程中，我国制造业正经历着从"中国制造"到"中国创造"的转型。新的制度、要素、国际和技术条件决定了我国工业化进程开始进入新的阶段，全面深化改革的战略部署为我国工业转型升级创造了新的有利环境，以"工业 4.0"为主题的新一轮技术变革构成我国制造业下一步发展的严峻挑战和重大机遇，以 TPP 为核心的国际贸易和投资秩序形成将促进全球制造业的新一轮布局和竞争优势的重构，日益趋紧的资源环境约束和劳动力供给的结构性变化要求我国的工业发展模式应进行深刻调整。在这样的背景下，对"中国制造 2025"进行深入探讨和研究，具有重大的现实意义。一是有利于明确未来制造业在我国经济社会中的基本功能和定位；二是有利于明确制造业的总体发展方向和路径；三是有利于明确政府在推动制造业强国战略中的作用和措施；四是有利于健全财政税收政策支持制造业发展的作用机制；五是有利于推动中国制造由大变强，使中国制造包含更多中国创造因素，促进经济保持中高速增长、向中高端水平迈进；六是有利于提升我国制造业竞争力，以在全球价值链的各环节应对发达工业国家的全面挑战。

二 中国制造业发展的经济学与财政学理论基础

（一）比较优势理论

比较优势理论源自对国际贸易的解释，是贸易理论的重要基础，按照发展主线大致上可以分为以亚当·斯密为代表的"绝对比较优势"理论、大卫·李嘉图为代表的"相对比较优势"理论、赫克歇尔·俄林为代表的"要素禀赋比较优势"理论。比较优势理论是在绝对成本理论的基础上发展起来的，根据比较优势原则，一国在两种商品中的一种具有生产优势，那么这个国家就应该生产并出口这种具有生产比较优势的商品，另一国也生产并出口其具有比较优势的产品。这种生产并进行交换的行为，最终会提升两国总体的福利水平。即使一国在生产两种商品中均处于劣势（由于技术落后等原因），但该国仍可以选择生产这两种商品中相对处于优势的产品，这样选择的结果同样可以做到提升两国的福利水平。比较优势理论原本是国际贸易中的概念，但在全球经济一体化的大环境下这种理论得到了更为广泛的应用。

不过无论是亚当·斯密，还是大卫·李嘉图、赫克歇尔·俄林的观点，都是静态的比较优势观点，他们忽略了在长期中各国由于经济增长和要素禀赋变化而导致的比较优势的改变。20 世纪 60 年代后，很多学者将新古典理论、内生增长理论和比较优势理论结合起来，从动态的角度阐述比较优势理论。乌扎瓦（Uzawa）通过建立一个动态的比较优势模型，研究资本积累对比较优势的长期影响。乌扎瓦认为资本积累的速度决定了资本和劳动的要素比率，这个比率会引起产品相对价格的变化，进而影响国家的产业生产模式和贸易模式。不过，在长期中资本劳动要素比率会收敛于一个稳定的比率，而影响这个最终比率的决定因素是储蓄率。储蓄率越高的国家最终会从事资本密集型产品的生产，而储

蓄率相对较低的国家最终会从事劳动密集型产品的生产。[①] 芬德莱
(Findly) 也得出了类似的结论，他认为高储蓄率虽然短期内会降低资
本密集型产品的产出，但长期中必定会提高资本密集型产品的产出
水平。[②]

改革开放以来，我国一直积极参与全球价值链的国际分工与合作，
随着国内经济的增长，我国引进外资的规模和对外贸易额度也不断扩
大，国内的制造业产业结构也不可避免地受到影响。长期以来，我国一
直是劳动力要素相对丰富而资本要素相对贫乏，因此我国制造业的产业
结构也一直朝着劳动力要素优势的方向发展。根据赫克歇尔·俄林的要
素禀赋比较优势理论观点，劳动密集型行业占据我国制造业主导地位正
是发挥比较优势的一种结果，但这种比较优势的发挥也造成了另一种不
良后果，就是我国在制造业全球分工中长期处于产业链的低端，劳动力
和资源投入很多但企业的生产力水平依旧较低，中国生产的产品销往世
界各国但却没有获得足够丰厚的收益。不过随着我国经济总量的不断扩
大，劳动力规模增速放缓，我国资本要素得到了很大程度的积累，资本
和劳动两种要素之间的比例也在发生着变化，资本相对劳动而言具有更
高的回报率成为我国资本积累的内在动力。而根据 Uzawa 和 Findly 的理
论观点，我国较高的储蓄率和不断增加的储蓄规模也为我国资本积累提
供了根本的保证。正是在这一系列因素的推动下，我国资本富裕程度正
在得到改善，而且部分资本密集型行业正在成为我国的比较优势行业。
与此同时，随着资本的不断积累，我国制造业整体的技术水平和研发能
力也在不断提高，中国的工业化战略不再局限于"生产"上，而是将
目光更多地放在"制造"上。

"中国制造 2025"正是在我国要素禀赋结构比率发生重大改变过程

---

① Oniki, H., Uzawa, "Patterns of Trade and Invesment in Dynamic Model of International Trade", 1965.

② R. Findlay, "Factor Proportions and Comparative Advantage in the Long Run", 1970.

中提出的，而中国正应该利用这个契机，改变我国制造业目前存在的资源密集型产业比重过大、技术密集型产业和生产性服务业比重偏低、部分行业重复建设和产能过剩严重、具有较强国际竞争力的大企业偏少等现象，真正提高中国的制造业实力，为中国经济增长注入新动力，为人民创造福利。

（二）后发优势与生产力理论

1962 年，亚历山大·格申克龙（Alexander Gerschenkron）提出了后发优势的概念。后发优势是指发展中国家在发展的过程中可以借鉴发达国家的成功经验，引进先进的生产技术和管理理念，缩小与发达国家之间的差距，进而获得较快的经济增长速度。后发优势作为发展中国家独有的优势，主要表现在：享受技术进步的正外部性，通过学习借鉴国外先进生产技术和制度，缩小技术差距和管理差距；利用国内较高的资本回报率，吸引国外资本流入。对后发优势的深层含义，格申克龙做出了阐释：首先，与发达国家相比，发展中国家缺乏一些工业化的条件，不过发展中国家可以寻求一些替代物以达到相似的工业化结果。所谓的替代物，不仅包括技术上的替代，还有制度上的替代，在制度安排上的多样性以及对先进技术的借用和模仿，可以使得后发国家从一开始就处在一个比较高的起点，这样就能少走很多弯路。其次，技术是工业化发展的首要保证，因此后发国家可以利用引进先进设备和技术节约本国的科研成本，在一个较高的起点上推进工业化进程，同时引入外资也可以解决本国资本不足的问题。再次，发展中国家在发展过程中不仅要学习发达国家的先进生产经验和管理经验，也要吸取它们在发展过程中的错误教训。最后，格申克龙还特别指出，在一个后发的国家中，由于发展经济的承诺和现实经济发展的差距，会使得国民具有强烈发展工业的意愿，这一方面是出于增进本国利益的考虑，另一方面也有"落后就要挨打"的历史经验教训，因此后发国家具有强烈的实现迅速工业化、现代化的要求。

德国历史学派的先驱者李斯特在其经典著作《政治经济学的国民体系》中阐述了他的生产力理论。李斯特认为，从历史上来看，虽然西班牙、葡萄牙等国曾用自己本国的农产品交换英国生产的廉价工业品，但由于没有及时发展和保护自己本国的工业，使得西班牙、葡萄牙等国沦为了英国的农业生产基地。李斯特十分重视发展制造业，认为发展生产力是发展中国家追赶发达国家的最重要的途径，而优先发展制造业是这一追赶过程的重要步骤。在发展制造业的过程中，离不开国家力量的干预，如果一味认为国家干预会影响市场的自由而放弃对国内幼稚工业的保护，最终只能侵害自己的利益。

由此可见，对于具有战略意义的新兴产业以及影响本国经济命脉的产业，政府要进行保护并出台相关有力政策促进这些产业健康有序发展。对于传统行业可以通过市场的优胜劣汰进行选择，让市场的力量促进其发展。

(三) 全球价值链视角下的产业结构升级理论

产业结构升级通常包括三产间的演进方式升级，劳动密集型向资本密集型和技术密集型的产业结构升级，以全球生产网络为视角的从低附加值产业向高附加值产业、从低端产业到高端产业的转变。

关于三产业间的演进规律的研究始于 17 世纪的英国经济学家威廉·配第（William Petty），[①] 他揭示了产业结构差异是导致世界各国的国民收入水平差异和形成不同的经济发展阶段的主要原因，认为工业的附加值高于农业，而服务业的附加值高于工业。英国经济学家科林·克拉克（Colin Clark）在威廉·配第的基础上提出了三次产业主张，揭示

---

① Petty, W., *A Treatise of Taxes & Contributions*. McMaster University Archive for the History of Economic Thought, 1662.

了产业结构演进的规律。他的研究表明，随着经济社会的发展，制造业生产效率的提高引起人均收入的提高，导致劳动力人口从第一产业（农业）向第二产业（工业）转移，当人均收入进一步提高时，劳动力人口就会向第三产业转移。[①] 美国经济学家西蒙·史密斯·库兹涅茨（Simon Kuznets）继承了科林·克拉克的研究成果对产业结构的演进规律做了进一步实证研究，阐明了劳动力和国民收入在产业间分布变化的一般规律，证明了科林·克拉克理论的正确性。产业结构研究是发达国家发展规律的总结，尽管其第三产业增加值比重高于第二产业，但第二产业的劳动生产率高于第三产业也是发达国家最为普遍的现象。[②]

发达国家的另一个产业升级规律就是劳动密集型产业向资本和技术密集型产业升级，轻工业先于重工业发展，随着科学技术的进步，知识或技术密集型产业在经济总量的比重逐步提升。恩斯特（Ernst）认为产业升级的方式包括：第一，产业间升级，从低附加值产业向高附加值产业的转型；第二，要素间升级，在生产要素层级中，从物资资本向人力资本和社会资本的升级；第三，需求升级，在消费层级中从必需品向便利品和奢侈品升级；第四，功能升级，在价值链层级中，从销售、分配向系统整合移动升级；第五，价值链接上的升级，从商品类生产向知识密集的支持性服务的升级。[③]

学者们普遍表示产业结构发展需要遵循该国的比较优势，汉弗莱和施密茨（Humphrey 和 Schmitz）从全球价值链视角提出了工艺升级、产品升级、功能升级、跨产业升级四种产业升级的方式，剖析了价值链的领导位置企业及非领导位置企业如何获得更多和更稳定利润的价值链位置。全球价值链的梯次升级表现为从低价值链环节向高价值链环节的提

① Clark, C., *The National Income* 1924 – 1931, Routledge, 1965.

② Kuznets, S., *National Income and Capital Formation*. 1919 – 1935. National Bureau of Economic Research, 1937.

③ Ernst, D., "Global Production Networks and Industrial Upgrading—a Knowledge-Centered Approach", East-West Center Working Papers, Economics Series, No. 25, 2001.

升，供应链上企业运作效率的优化和提高，其产品从低技术含量向高技术含量发展，从技术引进、技术模仿到消化吸收、自主创新的转变，最终实现企业和产业的国际竞争力增强。[①]

（四）产业集聚与规模经济理论

产业集聚理论可以追溯到马歇尔（Marshall）产业区理论，即一个大量中小规模企业紧密集中的区域，这些同行业或相近行业厂商专门从事生产过程中的一个或几个环节的生产附属活动，以此来服务于整个地区的主导厂商或产业。产业区经济形成的条件为产业的分工和集聚经济的收益递增。产业区的内在特征就是经济活动者的地理与社会邻近性，市场与社会的合作关系产生了协同效率，合作和相互作用带来了区域内厂商的递增收益和区位优势。企业在地理上的邻近性便于获取中间产品和技术外溢，一旦集聚在某一区位形成，就能通过正的外部性和规模报酬递增来降低生产成本和交易成本，从而使得产品的不同环节在不同地区生产成为可能。专业化分工以及对资源的有效利用提高了产业的生产效率和创新能力，成为区域经济增长的源泉。

后来迪克西特和斯蒂格利茨（Dixit 和 Stiglitz）首次将不完全竞争模型纳入工业产业集聚的研究，[②] 以克鲁格曼（Krugman）为首的新经济地理学理论重在研究区域经济增长过程中制造业产业集聚现象的决定机理，[③] 揭示了运输成本、要素流动和规模报酬递增如何通过市场传导机制发挥对经济活动空间集聚的内生性作用。收益递增促使生产活动在

---

① Humphrey, J., Schmitz, H., "Governance and Upgrading: Linking Industrial Cluster and Global Value Chains Research", *IDS Working Paper*, No. 12, Institute of Development Studies, University of Sussex, 2000.

② Dixit, A. K., Stiglitz, J. E., "Monopolistic Competition and Optimum Product Diversity", *American Economic Review*, Vol. 67, No. 3, 1977, pp. 297 – 308.

③ Krugman, P. R., "Increasing Returns and Economic Geography", *Journal of Political Economy*, Vol. 99, No. 3, 1991, pp. 483 – 499. Krugman, P. R., "History Versus Expectations", *Quarterly Journal of Economics*, Vol. 106, No. 2, 1991, pp. 651 – 667.

空间上集中，运输成本促使厂商在接近大规模产品市场的地方选址，人口迁移影响劳动资源和本地市场的规模，而劳动资源和市场规模两者都影响厂商的潜在利润，促使厂商的集聚。新的厂商的进入使得当地市场能够吸引更多的工人与人口，增加的人口又将扩大本地市场，增加厂商的潜在利润，并弥补因更激烈的本地竞争所造成的利润下降，在集聚与增长的良性循环中，更大规模的本地市场将激励更多的厂商进入。新经济地理理论学者构建了许多模型，可以根据产生外部性的不同方式来区分。在有些情况下，外部性产生的方式与需求因素相关，而在一些情况下与厂商间投入产出有关，在一些情况下还与产生知识溢出的研发活动有关，分别被称为：技术外部性、新增长理论的外部性和马歇尔产业外部性。

（五）内生增长理论与财政支持

索罗的新古典增长理论将经济增长的源头归结为技术进步，在这个阶段技术进步是作为外生变量存在的。索罗模型的结论表明，财政政策不会影响到长期经济的增长率，财政政策的效果仅仅体现在短期，因此新古典学派并不主张政府干预经济。[①] 到了 20 世纪 80 年代，内生增长理论试图探索经济增长的内在原因。卢卡斯认为经济增长的原动力在于对人力资本的投资，罗默认为经济增长的主要原因在于内生化的技术进步，从本质上来说，两者的观点差异并不大。在罗默的内生经济增长模型中有两类生产者，一类是常见的普通工人，从事着简单的劳动，拥有的生产要素是劳动力；另一类生产者是科学技术研发人员，负责从事 R&D 活动，设计新的资本设备，这些资本设备用于最终产品部门的生产。在最终生产部门中，利用普通劳动力、新的生产设备（由人力资

---

① Solow, R. M. , "A Contribution to the Theory of Economic Growth". *The Quarterly Journal of Economics*, Vol. 70, No. 1, 1956, pp. 65 – 94.

本提供）、资本投入共同生产出最终的产品。在这个生产过程中，人力资本投入和技术研发至关重要。[①]

弗里德曼认为第二次世界大战后日本经济之所以快速崛起的重要原因在于日本国内大力推动技术、组织和制度创新，并据此提出了"国家创新系统"的概念。弗里德曼认为由于创新对一国的经济发展影响极大，所以国家对技术创新的推动十分重要。[②] 后来的学者如冯·希伯尔等人进一步完善了弗里德曼关于"国家创新系统"的理论，他们认为推动技术创新的重要因素在于国家支持，由于技术创新需要巨大的投入，单靠企业自身可能无法负担。同时，科学技术也是一种公共产品，政府作为公共产品的提供者有义务为市场提供科学技术，并且由于公共产品的特殊属性，单靠市场的资源配置会出现市场失灵的现象。一般来讲，财政支持技术创新可通过以下几种方式：政府直接出资建立科研机构，政府通过财政资金补贴、奖励等方式将资金投向企业，政府以减税、贷款优惠等手段间接降低企业的研发成本。同时，政府对技术创新的鼓励还可以激励企业自主创新，形成创新的良好环境。

自然资源的约束成为制造业发展的瓶颈，而创新尤其是技术创新是突破这一重要瓶颈的关键所在。技术创新是"中国制造2025"的主题，但目前中国制造业技术创新能力整体薄弱，创新能力不强。我国在国际分工中尚处于技术含量和附加值较低的"制造—加工—组装"环节，在附加值较高的研发、设计、工程承包、营销、售后服务等环节缺乏竞争力，具体表现为自主知识产权的产品少，主要核心技术主要依靠欧美日等发达国家，对外依存度较高。创新和科研是制造业发展的核心，但是作为一种特殊的公共产品，科学技术的门槛较高，研发成本高而且研

---

① Romer, P. M. , "Endogenous Technological Change", *Journal of Political Economy*, Vol. 98, No. 5, 1990, pp. S71 - S102. Romer, P. M. , "The Origins of Endogenous Growth". *Journal of Economic Perspectives*, Vol. 8, No. 1, 1994, pp. 3 - 22.

② Friedman, M. , & Friedman, R. D. , "Free to Choose: a Personal Statement", *Canadian Public Policy*, Vol. 62, No. 246, 1980, pp. 158 - 169.

发周期长，单靠企业自身进行自主研发难度较大，而财政政策的支持恰好可以解决这个问题。而且，生产技术的研发具有外溢效应，国内所有的同类型企业都可以享受到技术进步的成果，更为财政政策的支持提供了必要前提。

三　相关研究综述

（一）关于中国制造业发展的研究综述

1. 中国制造业发展的国际背景及机遇、挑战

工业革命3.0的爆发，信息技术的广泛应用以及互联网的出现，已经给全球制造业带来了颠覆性的影响。当前，以工业互联网、智能制造为代表的新一轮技术创新浪潮和产业变革正在世界范围内蔓延。2009年，美国总统奥巴马提出了"再工业化"战略，意图突出实体经济在经济发展中的作用，宣布再次回归制造业为根基的年代。很明显，美国在力图完善国内生产经营环境，重振国家制造业体系，突出制造业在国民经济中的支柱地位，意在推动产业结构的重新优化。与此同时，2013年4月德国政府提出工业4.0战略，旨在网络实体系统及物联网的技术基础上，提升制造业的智能化水平，加快新一代信息技术与制造业的融合，建立具有适应性、资源效率及人因工程学的智慧工厂，在商业流程及价值流程中整合客户及商业伙伴，进而推进制造业从生产性向服务性转型。在美国提出"再工业化"和"重振制造业"目标以及德国4.0高科技战略计划的背景下，世界范围内新一轮工业革命正在深化，我国制造业发展正面临前所未有的机遇和挑战。

我国面临着来自高端制造业向发达国家回流及低端制造业向低成本国家转移的双重挑战。根据克拉克和库兹涅茨对全球制造业的产业升级路径规律的总结，制造业的生产结构会经历轻工业化、重工业化、高加工度化和知识技术集约化四个阶段，生产要素经历劳动密集型向资本密

集型再向知识技术密集型的转变，产出效率体现为低附加值向高附加值的转变。[1] 张其仔（2008）从比较优势演化路径分析了我国产业升级之路，一方面，随着工资成本、环境成本的上升，中国在劳动密集型产业不得不面对来自于低收入国家的严峻挑战；另一方面，要想实现向高收入国家挺进的目标，我国必须实现比较优势的突变，在向技术密集型和资本密集型产业转型的过程中，中国又不得不面对向发达国家发起的挑战。如果我国无法跨越以上这些挑战，就会有陷入比较优势的"断档"期甚至引发经济衰退的风险。[2] 金碚（2013）通过对改革开放以来我国工业发展状况的梳理，发现过去低廉的劳动力成本、广大而低价格的土地以及较低的环境保护标准等在改革开放的体制转化中获得了巨大的工业发展成就，但是随着生产规模的迅速扩张，技术模仿的空间变窄，技术创新的决定性作用越来越明显，我国工业发展进入一个稳中求进的新时代，表现为生产要素经历劳动密集型向资本密集型再向知识技术密集型的转变，产出效率从低附加值向高附加值的转变。[3]

我国制造业产能严重过剩，处理显著存在的过剩产能、提高经济效率成为我国经济发展的重大挑战。20 世纪 90 年代以来，我国经历了多轮大范围的包括金属冶炼等重工业、少数轻工业和新型产业在内的产能过剩。韩国高等利用 1999—2008 年制造业产业数据，基于面板模型的广义矩估计方法（GMM）测度了我国重工业和轻工业 28 个行业的产能利用水平，得出了造纸、石油化工等七大产能过剩产业。产能过剩意味着生产要素未得到最优配置，影响了制造业效率的提升和产业的升级。[4] 罗德明等通过计量要素扭曲导致的全要素生产率损失发现去掉扭

---

① ［美］西蒙·库兹涅茨：《各国的经济增长》，常勋等译，商务印书馆 1999 年版。

② 张其仔：《比较优势演化与中国产业升级路径的选择》，《中国工业经济》2008 年第 9 期。

③ 金碚：《稳中求进的中国工业经济》，《中国工业经济》2013 年第 8 期。

④ 韩国高、高铁梅、王立国等：《中国制造业产能过剩的测度、波动及成因》，《经济研究》2011 年第 12 期。

曲后，加总的全要素生产率将增长 9.15%。[①] 杨振和陈甫军基于 1998—2007 年中国制造业微观企业数据的实证研究发现中国制造业的劳动要素扭曲配置存在福利损失。[②] 大部分国内学者认为我国地方政府优惠的财政政策是导致产能过剩的关键因素，政府为了达到某种宏观目标，对本地企业实行优惠的财政政策并给予多种投资支持，从而诱导企业扩大生产规模或阻止亏损企业减产退出，进一步造成产能的过剩。[③] 也有学者认为中国式城镇化造成的低技能劳动力供给是政府干预企业从而引发产能过剩的重要原因，刘航和孙早利用 2001—2012 年中国省级面板数据检验了城镇化与制造业产能过剩之间的关系，结果发现我国城镇化脱离产业演进规律而快速推进，迫使地方政府为了应对低技能劳动力的就业压力而加大在财政、土地和贷款等方面对企业的干预，从而导致产能过剩。[④]

我国制造业核心技术缺乏、模式单一以及战略模糊等问题非常明显，如何加快推动制造业技术升级、完善高科技资源的配置、坚持市场化改革道路是我国制造业长期面临的挑战。虽然我国在规模上已经成为世界制造业第一大国，但由于中国制造业仍处于世界产业链的中低端，核心技术及品牌仍掌握在跨国公司手中，并形成了一定的行业垄断优势，威胁着中国制造业的进一步发展。现有关于制造业技术创新的研究主要集中在制造业的技术创新能力评价和技术创新动力机制等方面，[⑤] 也有不少学者测算了我国制造业的全要素生产率以及研发创新活动的技

---

① 罗德明、李晔、史晋川：《要素市场扭曲、资源错置与生产率》，《经济研究》2012 年第 3 期。

② 杨振、陈甫军：《中国制造业资源误置及福利损失测度》，《经济研究》2013 年第 3 期。

③ 江飞涛、耿强、吕大国、李晓萍：《地区竞争、体制扭曲与产能过剩的形成机理》，《中国工业经济》2012 年第 6 期。

④ 刘航、孙早：《城镇化动因扭曲与制造业产能过剩——基于 2001—2012 年中国省级面板数据的经验分析》，《中国工业经济》2014 年第 11 期。

⑤ 官建成、陈凯华：《我国高技术产业技术创新效率的测度》，《数量经济技术经济研究》2009 年第 10 期。

术效率,① 因为全要素生产率能综合反映技术进步水平、物质生产的知识水平、管理技能和制度环境。鲁晓东和连玉君利用 1999—2007 年中国工业企业数据测算了主要工业企业的全要素生产率,发现全要素生产率与资本和劳动生产率的相关性较低,非投入要素因素在我国的工业企业成长发展过程中发挥了重要作用。② 杨汝岱基于 1998—2009 年的工业企业数据考察了我国制造业企业的全要素生产率的变化趋势,结果表明:我国工业企业全要素生产率存在较大波动,资源配置亟须改善,企业全要素生产率的增长空间在不断缩小。③ 牛泽东和张倩肖测算了装备制造业创新生产活动的技术效率与规模效率,在此基础上分析了影响装备制造业技术创新效率的各类因素,结果表明在 1999—2010 年间我国装备制造业技术创新效率与规模效率都得到了较大的改进,装备制造业技术创新效率呈现缓慢递增趋势,但与其他发达国家相比仍处于较低的水平,并指出改善产权结构、提高企业规模是促进装备制造业技术创新效率改进的重要因素。④ 林洲钰和林汉川就如何促进企业创新展开研究,他们认为,社会资本可以改善投资环境同时吸引外商投资,从而缓解企业的技术和融资约束,促进企业的研发投入,进而促进企业的技术创新。⑤

2. 我国制造业发展的功能定位

我国制造业发展的重点任务在于深度融入全球分工、快速提高制造业在全球价值链中的地位。一般而言,发达国家基于科学技术水平、社

---

① 原毅军、耿殿贺:《中国装备制造业技术研发效率的实证研究》,《中国软科学》2010 年第 3 期。

② 鲁晓东、连玉君:《中国工业企业全要素生产率估计:1999—2007》,《经济学》(季刊)2012 年第 2 期。

③ 杨汝岱:《中国制造业企业全要素生产率研究》,《经济研究》2015 年第 2 期。

④ 牛泽东、张倩肖:《中国装备制造业的技术创新效率》,《数量经济技术经济研究》2012 年第 11 期。

⑤ 林洲钰、林汉川:《中国制造业企业的技术创新活动——社会资本的作用》,《数量经济技术经济研究》2012 年第 10 期。

会文化、人力资本等领域的比较优势承担着技术密集型和资本密集型生产阶段的分工任务，因而处于全球价值链的高端位置，能获取较高的增加值；而发展中国家则依靠自然资源、廉价劳动力等优势要素参与国际分工，主要承担资源密集型和劳动密集型生产阶段的分工任务，处于全球价值链的低端位置，所能获得的增加值相当有限。我国本土制造业企业往往占据在低技术、低附加值、劳动密集型的低端生产制造与组装环节，主要通过两种形式直接或间接地参与全球价值链分工的体系中：一种是国际代工，即加工贸易，直接承接境外跨国公司外包业务；另一种是产业配套，即企业为在华投资企业进行配套生产从而间接参与全球价值链分工[①]。我国通过承接全球价值链中的劳动密集型环节已成为最具竞争力的代工平台。[②] 毛其淋和盛斌的研究表明中国制造业企业出口的比较优势正逐步地从劳动密集型竞争优势向资本密集型竞争优势转变。[③]

不过，随着我国要素成本的上升及人民币升值压力的加大，居于我国劳动密集型环节的价值链环节出现外移现象[④]。改善我国在全球价值链中的地位已刻不容缓，关于改革开放以来中国制造业在全球价值链中地位的变化，部分学者对此进行了研究。张少军和刘志彪探究了全球价值链的产业转移影响发展中国家产业升级的路径，指出主导产业转移所形成的国际分工体系，是国际技术前沿的实施机制，将全球价值链产业转移的竞争方式与国家发展优势结合是促进我国产业升级的新思路。[⑤] 罗德克（Rodrik）基于1992—2003年的数据计算我国的出口复杂度并

---

① 杨立强：《中国制造业参与国际生产的外包承接策略》，《国际经贸探索》2008年第1期。

② 张杰、李勇、刘志彪：《出口与中国本土企业生产率——基于江苏制造业企业的实证分析》，《管理世界》2008年第11期。

③ 毛其淋、盛斌：《贸易自由化、企业异质性与出口动态——来自中国微观企业数据的证据》，《管理世界》2013年第3期。

④ 张少军、刘志彪：《全球价值链模式的产业转移——动力、影响与对中国产业升级和区域协调发展的启示》，《中国工业经济》2009年第11期。

⑤ 同上。

以此来衡量我国在全球价值链中的地位，其研究发现，中国在全球价值链中一直保持在较高的水平。[①] 唐海燕和张会清基于对 40 个发展中国家的实证研究，从产品内国际分工的角度研究了发展中国家的价值链提升问题，发现中国在参与产品内国际分工的过程中，价值链位置得到较大幅度的提升，不过中国在人力资本、制度环境等方面存在明显不足，尤其是人力资本短缺成为限制价值链进一步提升的瓶颈因素。[②] 邱斌等基于我国 2001—2009 年 24 个制造业行业的出口复杂度来衡量各行业在全球价值链中的地位，结果表明全球生产网络、资本密集度和高技术资本密集度促进了我国制造业价值链提升；全球生产网络对我国制造业价值链地位的影响存在显著的行业差异性，与以零部件贸易为主的行业相比，全球生产网络对价值链提升的积极影响在以半成品贸易为主的行业中更为显著；在资本技术密集型行业中，全球生产网络有助于提升我国制造业的价值链地位，但在劳动密集型行业和资本密集型行业中这一作用并不明显。[③]

我国制造业面临技术创新、产业结构调整和产业组织优化的重点任务。现阶段，中国在低端技术产业上的技术水平较高，在中高端技术产业上的技术基础薄弱。学者们从不同角度探究了创新对产业升级的促进作用。胡志强认为我国制造业结构偏离度较高，制造业结构总体上呈现不合理的状态，有效创新是赢得竞争的关键，技术进步是产业结构优化的根本动力。[④] 竺彩华认为外商直接投资的技术溢出效应是促进产业升级的重要路径，其影响程度受到东道国市场约束力及本土企业吸收能力

---

① Rodrik D. , "What's so Special About China's Exports?" 2006.

② 唐海燕、张会清:《产品内国际分工与发展中国家的价值链提升》,《经济研究》2009 年第 9 期。

③ 邱斌、叶龙凤、孙少勤:《参与全球生产网络对我国制造业价值链提升影响的实证研究——基于出口复杂度的分析》,《中国工业经济》2012 年第 1 期。

④ 胡志强:《技术对我国产业结构变化影响的量化研究》,《科学与科学技术管理》2005 年第 4 期。

的影响。① 傅元海基于 1999—2012 年的制造业数据实证检验了自主创新能力和技术溢出对产业结构的影响，结果发现自主创新能力使制造业结构趋于优化合理，但并没有促进其升级，外资不会自动产生技术溢出来优化制造业结构，只有提升本土企业的高端产业核心技术创新能力才能促使外资转移先进技术，促进制造业的优化升级。② 黄茂兴和李军军研究了技术进步路径及技术选择对产业结构升级的影响，通过构建技术选择、产业结构升级与经济增长的数学模型，得出结论：结合自身比较优势对国际前沿技术进行选择并通过吸收和再创新，可以加快本国的技术进步和产业结构升级，进一步提升劳动生产率。③ 钱水土和周永涛基于我国 2000—2008 年省级数据从金融发展的角度实证检验了技术进步对产业升级的影响，结果发现金融发展有利于技术进步和产业升级，建议完善以市场竞争机制和产权多样化体制为目标的金融体系。

产业可以在全球范围内在发展水平不一的国家间转移，亦可以在一个国家内产业发展不相同的地区间转移。而我国制造业综合发展能力在地区之间存在着明显差异，东、中、西部三大区域制造业梯度格局显著，面临着区域布局调整的重点任务，也为产业区域间转移提供了基础。首先，我国制造业综合发展能力存在着较强的区域差距。李廉水等建立区域制造业综合发展能力评价指标体系，对 2003—2011 年我国区域制造业综合发展能力分东、中、西部地区进行纵向和横向评价，结果显示，我国区域制造业综合发展能力存在明显的区域差异，中西部地区制造业综合发展能力明显低于东部地区。因此为了统筹东中西、全面提升制造业综合发展能力，需要发挥地区比较优势，实施产业错位发展战

① 竺彩华：《FDI 外部性与中国产业发展》，经济科学出版社 2008 年版。
② 傅元海、叶祥松、王展祥：《制造业结构优化的技术进步路径选择——基于动态面板的经验分析》，《中国工业经济》2014 年第 9 期。
③ 黄茂兴、李军军：《技术选择、产业结构升级与经济增长》，《经济研究》2009 年第 7 期。

略，促进区域间制造业协调发展。[①] 刘伟等从劳动生产年率的角度研究
我国产业结构高度并进行了区域对比，结果发现我国区域间产业结构高
度呈现明显的层次性，东部地区的产业高度显著大于中西部地区。[②] 其
次，我国制造业存在着区域间的转移。较发达经济地区在升级自身的产
业结构以获取经济增长新动力的同时，逐渐淘汰落后的产业结构至更不
发达的地区，这被称为"飞雁模式"（冲田（Okita），1985;[③] 小岛
（Kojima），2000)[④]。曲玥等采用 1998—2008 年规模以上企业数据，实
证考察了我国"飞雁模式"的存在性，结果发现劳动密集型产业 2004
年以后有从东部沿海地区向中西部内陆地区移转的趋势，随着产业发展
到一定的阶段，其技术日渐成熟时，企业会逐渐向成本更低的区域转
移，从而证明了我国国内"飞雁模式"的存在。[⑤] 张其仔基于能力的比
较优势理论探讨了中国"雁阵式"产业升级的存在性，结果发现我国
已发生"雁阵式"产业升级，但面临着比较优势陷阱的风险，东部地
区向中西部地区进行产业转移的过程中，自身产业升级方向不明显。[⑥]

3. 我国制造业企业的异质性

根据熊彼特的市场清洁机制与达尔文选择效应，长期均衡状态下，
高生产率企业将得到更多的资源配置，低生产率企业将被兼并或挤出市

---

① 李廉水、杨浩昌、刘军：《我国区域制造业综合发展能力评价研究——基于东、中、西部
制造业的实证分析》，《中国软科学》2014 年第 2 期。

② 刘伟、张辉、黄泽华：《中国产业结构高度与工业化进程和地区差异的考察》，《经济学动
态》2008 年第 1 期。

③ Okita, S., "Special Presentation: Prospect of Pacific Economics", in Korea Development Insti-
tute (ed.) Pacific Cooperation: Issues and Opportunities. Report of the Fourth Pacific Economic Coopera-
tion Conference, Seoul, Korea, 1985.

④ Kojima, K., "The Flying Geese" Model of Asian Economic Development: Origin, Theoretical Ex-
tensions, and Regional Policy Implications", *Journal of Asian Economics*, Vol. 11, No. 4, 2000, pp. 375 –
401.

⑤ 曲玥、蔡昉、张晓波：《"飞雁模式"发生了吗？——对 1998—2008 年中国制造业的分
析》，《经济学》（季刊）2013 年第 3 期。

⑥ 张其仔：《中国能否成功实现雁阵式产业升级》，《中国工业经济》2014 年第 6 期。

场，高生产率企业得以存续（斯沃森（Syverson），2011）[1]。并且，越来越多的经验研究发现行业内存在显著的生产率差异（谢（Hsieh et al.），2009；Syverson，2011）。[2] 鲍尔温（Baldwin）（2005）[3] 的研究证明无论从企业规模、企业生产率还是企业的组织形式上看，企业都是异质性的。

新贸易理论引入了企业异质性，认为生产率相对较高的企业会选择出口，生产率相对较低的企业选择供应国内市场（梅勒茨（Melitz），2003）。[4] 张杰等基于中国江苏省 342 家企业调查数据的研究证实企业的全要素生产率促进了出口。[5] 易靖韬基于浙江省 2001—2003 年的企业面板数据进一步证实市场进入成本的存在使得生产率高、规模大的企业更容易出口，产业特定的技术溢出和区位优势也能提高企业的出口意愿。[6] 赵伟等运用中国的微观企业数据也验证了沉没成本的存在使得较高生产率的厂商更容易选择出口。[7] 黄玖立和冼国明考察了国内区域贸易市场，结果表明给定区域间贸易成本，企业进入国内区域市场的可能性随着其生产率水平的提高而增大。[8] 然而也有国内实证研究发现中国

① Syverson, Chad., "What Determines Productivity?" NBER Working Paper, *Journal of Economic Literature*, Forthcoming (2011).

② Hsieh, C. T., & Klenow, P. J., "Misallocation and Manufacturing TFP in China and India", The Quarterly Journal of Economics, Vol. 124, No. 4, 2009, pp. 1403 – 1448. Syverson, Chad., "What Determines Productivity?" NBER Working Paper, *Journal of Economic Literature*, Forthcoming (2011).

③ Baldwin, R. E., "Heterogeneous Firms and Trade: Testable and Untestable Properties of the Melitz Model", NBER Working Papers, 2005.

④ Melitz, Marc., "The Impact of Trade on Intra-Industry Reallocations and Aggregate Industry Productivity", *Econometrica*, Vol. 71, No. 6, 2003, pp. 1695 – 1725.

⑤ 张杰、李勇、刘志彪：《出口与中国本土企业生产率——基于江苏制造业企业的实证分析》，《管理世界》2008 年第 11 期。

⑥ 易靖韬：《企业异质性、市场进入成本、技术溢出效应与出口参与决定》，《经济研究》2009 年第 9 期。

⑦ 赵伟、赵金亮、韩媛媛：《异质性、沉没成本与中国企业出口决定：来自中国微观企业的经验证据》，《世界经济》2011 年第 4 期。

⑧ 黄玖立、冼国明：《企业异质性与区域间贸易：中国企业市场进入的微观证据》，《世界经济》2012 年第 4 期。

内销企业的生产率高于出口企业的现象，被认为是"生产率悖论"[①]，这遭到范剑勇和冯猛的质疑，他们的实证研究结果否认了我国"生产率悖论"的存在。[②] 此外，关于企业异质性对贸易影响的研究还有：殷德生等考察贸易对产品质量范围、技术溢出、规模经济的影响，揭示了国际贸易、异质性企业和产品质量升级之间的内在机制，其结论表明发展中国家的产品质量升级具有资本品偏向的特征，发达国家的产品质量升级具有创新偏向的特征；[③] 施炳展首次测算了中国企业层面出口产品质量的差异性，发现持续出口的企业其产品质量的总体水平呈现上升趋势，产品质量越高，出口持续时间越长、广度越大。[④]

有学者专门研究了制造业企业生产率和生产规模的分布。孙浦阳等利用1998—2007年我国制造业企业数据计算了行业内企业生产率离散程度，结果表明改革开放促使各行业内部的生产率分散化程度逐渐下降，生产率分散化现象仍然表现出长期趋势。[⑤] 高凌云等基于中国经济普查数据库中的工业企业样本数据，估计、比较了中国工业企业的生产规模和生产率异质性，结果也发现行业细分层面的企业生产率和规模存在很大的差异。[⑥] 另外，制造业企业间在人力资本、产品质量差异、所有权等多方面也存在异质特征。

大量研究从微观视角强调了生产率异质性对市场与企业行为的影

① 李春顶、尹翔硕：《我国出口企业的"生产率悖论"及其解释》，《财贸经济》2009年第11期。李春顶：《中国出口企业是否存在"生产率悖论"：基于中国制造业企业数据的检验》，《世界经济》2010年第7期。

② 范剑勇、冯猛：《中国制造业出口企业生产率悖论之谜：基于出口密度差别上的检验》，《管理世界》2013年第8期。

③ 殷德生、唐海燕、黄腾飞：《国际贸易、企业异质性与产品质量升级》，《经济研究》2011年第2期。

④ 施炳展：《中国企业出口产品质量异质性：测度与事实》，《经济学》（季刊）2014年第1期。

⑤ 孙浦阳、蒋为、张龑：《产品替代性与生产率分布——基于中国制造业企业数据的实证》，《经济研究》2013年第4期。

⑥ 高凌云、屈小博、贾鹏：《中国工业企业规模与生产率的异质性》，《世界经济》2014年第6期。

响，谢和克莱诺（Hsieh and Klenow）（2006）[①] 的研究表明跨企业经济资源配置效率的差异（企业异质性）促进了发达国家和发展中国家间生产率水平的收敛。大久保（Okubo）（2010）的研究表明企业异质性对企业的区位选择存在显著的影响，高生产率企业在本地市场效应的作用下逐渐集聚在核心区，而低生产率企业为了避开与高生产率企业的竞争则逐渐布局在边缘区。[②] 简泽考察了中国制造业生产率差异、跨企业资源再分配和行业加总生产率的关系，验证了企业间生产率的差异促进跨企业的资源配置的优化和产业重组，进而促进了行业生产率的提高。[③] 梁琦等采用我国工业企业数据库的微观数据检验了企业异质性对区域生产率差异的影响，结果发现：在市场融合的过程中，异质性企业的区位选择行为显著存在，同时也是影响企业生产率差距的微观机制，异质性企业的定位选择行为对地区生产率差异产生重要影响，加剧地区之间的不平衡。[④] 李颖运用中国制造业企业面板数据研究了企业异质性对生产要素流动在区域间配置效率的影响，结果表明企业异质性特征通过扭曲市场产生了生产要素流动配置效率损失，不同所有制企业的表现也不相同，具体的，国有企业从市场扭曲中受益，私有和外资企业相对受损。[⑤] 武力超和文家奕基于企业异质性理论实证考察了企业工资差距和企业经营业绩对于地区收入分配差距的影响，得出了企业的规模和赢

① Hsieh, C. T., & Klenow, P. J, "Misallocation and Manufacturing TPF in China and India", 2008.

② Okubo, T., "Firm Heterogeneity and Location Choice [R]". RIEB Discussion Paper Series, 2010.

③ 简泽：《企业间的生产率差异、资源再配置与制造业部门的生产率》，《管理世界》2011年第5期。

④ 梁琦、李晓萍、简泽：《异质性企业的空间选择与地区生产率差距研究》，《统计研究》2013年第6期。

⑤ 李颖：《区域生产要素在异质性企业间的配置效率研究——来自中国制造业企业的证据》，《经济地理》2013年第9期。

利能力在缩小地区收入差距中起到积极作用的结论。[①] 周明海等利用世界银行投资环境调查数据（包括 14 个制造业和服务业行业）的实证结果揭示了企业异质性是不同所有制结构企业在劳动收入份额方面表现出不同特征的主要原因，企业中民企和外资股权的上升使劳动收入份额下降。[②] 邓子梁和陈岩结合企业外部环境和企业异质性构建了国有异质性企业的生存理论模型，基于 1998—2006 年的制造业国有企业数据实证检验了外商直接投资对异质性国有企业的影响，结果发现规模较大的国有企业能有效利用外资的溢出效应促进本企业的发展，从而降低了企业的生存风险。[③] 田巍和余淼杰利用 2005—2007 年江苏制造业企业数据检验了企业生产率与对外投资的关系，发现前者是后者的重要因素。[④] 严兵等关于企业生产率与对外投资决策的关系的实证研究结果也发现生产率和企业规模对对外投资决策产生了显著的影响。[⑤]

4. 我国制造业的核心能力

当前我国制造业产业规模位居世界前列，制造业体系相对完备，劳动密集型产业仍然具有国际竞争力。周凯歌认为我国依旧是世界范围内的制造业大国，拥有世界上最大的消费市场，我国制造业产业体系完整健全，互联网发展程度仅次于美国企业。[⑥] 李钢和金碚也认为工业特别是制造业是我国国民经济的基础和支柱，是我国综合国力的支撑。[⑦] 江

---

① 武力超、文家奕：《中国企业工资差距是否影响地区收入分配？——基于企业异质性视角的分析》，《经济科学》2013 年第 1 期。

② 周明海、肖文、姚先国：《企业异质性、所有制结构与劳动收入份额》，《管理世界》2010 年第 10 期。

③ 邓子梁、陈岩：《外商直接投资对国有企业生存的影响：基于企业异质性的研究》，《世界经济》2013 年第 12 期。

④ 田巍、余淼杰：《企业生产率和企业"走出去"对外直接投资：基于企业层面数据的实证研究》，《经济学》（季刊）2012 年第 2 期。

⑤ 严兵、张禹、韩剑：《企业异质性与对外直接投资——基于江苏省企业的检验》，《南开经济研究》2014 年第 4 期。

⑥ 周凯歌：《警惕德工业 4.0 给中国制造业带来陷阱》，《证券时报》2015 年第 8 期。

⑦ 李钢、金碚：《中国制造业发展现状的基本判断》，《经济研究参考》2009 年第 41 期。

飞涛等基于1979—2012年时间序列数据的实证结果表明，改革开放以来我国制造业规模增长迅速，1979—2012年我国工业增加值增长了约25倍，工业部门资本存量增加了29.6倍，第二产业就业人口增加了1.99倍，资本深化特征显著。[①] 李钢的研究表明虽然中国目前优势产业正从传统的劳动密集型产业向资本密集型产业转变，但要素禀赋的质变尚未发生，劳动密集型产业仍然具有国际竞争力，仍是我国的比较优势产业，至少持续到"十二五"期间。[②]

　　我国制造业产业集群集聚具有显著的发展优势。首先，理论界对我国制造业集聚现状及其增长效应展开了大量研究。孙红玲的研究揭示了改革开放以来，随着我国经济持续快速发展，产业集聚度不断提升，制造业聚集形成了珠三角、长三角和环渤海三大城市群，我国已逐步形成东部制造业与服务业、中西部农业与矿业带状、点状分布的纵向产业集聚的基本格局。[③] 潘文卿和刘庆基于2001—2007年省级面板数据计算了中国地区制造业产业集聚指数，结果表明我国经济相对发达的省区制造业产业集聚程度已比较高；经济相对欠发达的省区产业集聚呈现增强态势。[④] 文东伟和冼国明基于1998—2009年的微观企业数据，从省市县三个层面测算了我国制造业产业集聚度，结果证明我国制造业集聚程度呈现出不断加深的趋势。[⑤] 赵璐和赵作权描述了2004—2008年我国制造业总体的空间集聚特征，表明我国华北平原和长江下游平原的集聚水平在

---

　　① 江飞涛、武鹏、李晓萍：《中国工业经济增长动力机制转换》，《中国工业经济》2014年第5期。

　　② 李钢、廖建辉、向奕霓：《中国产业升级的方向与路径——中国第二产业占GDP的比例过高了吗》，《中国工业经济》2011年第10期。

　　③ 孙红玲：《论产业纵向集聚与财政横向均衡的区域协调互动机制》，《中国工业经济》2010年第4期。

　　④ 潘文卿、刘庆：《中国制造业产业集聚与地区经济增长——基于中国工业企业数据的研究》，《清华大学学报》（哲学社会科学版）2012年第1期。

　　⑤ 文东伟、冼国明：《中国制造业产业集聚的程度及其演变趋势：1998—2009年》，《世界经济》2014年第3期。

不断提高。① 其次，对我国制造业产业集聚的原因和内在机制展开研
究。梁琦对我国制造业产业集聚的演化机制进行了研究，从理论和实证
层面解释了制造业向东部沿海地区不断集聚的主要成因，包括贸易和
FDI、靠近国际市场、劳动力向东部迁移及地方保护主义等制度因素。②
李扬的实证表明，中国制造业产业集聚主要受到要素禀赋影响。③ 李君
华和彭玉兰的研究表明地区的工业基础和要素禀赋是促使制造业集聚的
重要力量，证实外国资本因素对中国制造业产业集聚有显著影响。④ 最
后，对我国地区制造业的产业集聚对地区经济发展的积极影响和正向效
应进行研究，包括对劳动生产率、技术进步、经济增长、收入分配、城
镇化、产业升级等方面的积极影响。⑤ 陈建军等（2009）的研究发现产
业集聚是形成区域竞争优势的主要源泉。⑥ 盛丹和王永进的研究也表
明，产业集聚降低了区域内各个企业的融资成本，提高了信贷资源的配
置效率，促进了融资依赖行业的快速发展，最终推动区域产业结构升
级。⑦ 范剑勇等基于 1998—2007 年的通信设备、计算机及其他电子设备
生产企业数据证明了产业集聚改善了技术效率，进而促进了经济增
长。⑧ 胡翠和谢世清的实证研究证明了在垂直行业间的制造业产业集聚

---

① 赵璐、赵作权：《中国制造业的大规模空间聚集与变化——基于两次经济普查数据的实证研究》，《数量经济技术经济研究》2014 年第 10 期。

② 梁琦、吴俊：《财政转移与产业集聚》，《经济学》（季刊）2008 年第 4 期。

③ 李扬：《西部地区产业集聚水平测度的实证研究》，《南开经济研究》2009 年第 4 期。

④ 李君华、彭玉兰：《城市发展的路径选择：专业化还是多样化?》，《商业研究》2010 年第 5 期。

⑤ 张艳、刘亮：《经济集聚与经济增长——基于中国城市数据的实证分析》，《世界经济文汇》2007 年第 1 期。刘修岩：《集聚经济与劳动生产率：基于中国城市面板数据的实证研究》，《数量经济技术经济研究》2009 年第 7 期。

⑥ 陈建军、陈菁菁：《生产性服务业与制造业的协同定位研究——以浙江省 69 个城市和地区为例》，《中国工业经济》2011 年第 6 期。

⑦ 盛丹、王永进：《产业集聚、信贷资源配置效率与企业的融资成本——来自世界银行调查数据和中国工业企业数据的证据》，《管理世界》2013 年第 6 期。

⑧ 范剑勇、冯猛、李方文：《产业集聚与企业全要素生产率》，《世界经济》2014 年第 5 期。

对企业生产率有积极作用，有利于企业竞争力的提升。[①]

我国制造业基础设施比较完善，降低了企业的生产成本，影响了要素投入结构。基础设施不仅会对本地的经济增长和企业成本产生影响，也会通过其空间溢出效应对其他地区的企业成本产生影响。首先，有学者研究了基础设施（包括交通、通信等）对本地的就业、经济增长、成本和出口的影响。王永进等基于跨国数据的研究发现良好的基础设施促进了出口结构升级和出口技术复杂度提高。[②] 张光南等基于中国1998—2006年各省工业企业面板数据，实证分析了基础设施投资短期和长期的就业效应、产出弹性和投资弹性，结果表明基础设施对就业产生了较为显著的正效应，不过产出弹性只在东部省份显著为正。[③] 刘秉镰和刘玉海基于2004—2008年大中型制造业企业面板数据，验证了交通基础设施显著降低了制造业企业的库存成本。[④] 张光南和宋冉基于中国各省工业企业面板数据，实证研究发现中国铁路客运交通能显著降低劳动力流动成本，从而使得厂商减少中间品和资本投入而降低了企业成本；公路客运交通能产生规模效应促进要素投入。[⑤] 何晓萍实证检验了电网基础设施的增长效应和能耗效应，发现电网基础设施的发展对地区经济增长起到显著的正效应，其能耗效应具有地区差异，西部地区电网设施的经济增长效应明显大于能耗效应。[⑥] 郑士林等（2014）利用1990—2010年省级面板数据，实证研究发现电信基础设施对经济增长

---

① 胡翠、谢世清：《中国制造业企业集聚的行业间垂直溢出效应研究》，《世界经济》2014年第9期。

② 王永进：《基础设施如何提升了出口技术复杂度》，《经济研究》2010年第7期。

③ 张光南、李小瑛、陈广汉：《中国基础设施的就业、产出和投资效应——基于1998—2006年省际工业企业面板数据研究》，《管理世界》2010年第4期。

④ 刘秉镰、刘玉海：《交通基础设施建设与中国制造业企业库存成本降低》，《中国工业经济》2011年第5期。

⑤ 张光南、宋冉：《中国交通对"中国制造"的要素投入影响研究》，《经济研究》2013年第7期。

⑥ 何晓萍：《基础设施的经济增长效应与能耗效应——以电网为例》，《经济学》（季刊）2014年第4期。

产生显著影响。其次，也有学者关注基础设施的空间溢出效应。张学良基于1993—2009年的中国省级面板数据，利用空间计量模型实证研究发现，交通基础设施对区域经济增长的空间溢出效应非常显著。[①] 张光南等采用中国各省工业企业面板数据，实证分析中国基础设施空间溢出的成本效应及其行业溢出，结果表明基础设施空间溢出能显著降低本地制造业生产成本，与本地存在产业竞争地区的基础设施空间溢出将增加本地制造业的边际成本。[②]

5. 我国制造业发展的战略调整

历史上每一次科技和产业革命都会重塑全球的产业布局，为了迎接工业4.0和应对发达工业国家在全球价值链上各环节的全面挑战，未来我国制造业需要在技术创新战略、转型升级战略、产业发展战略等多方面进行适时的调整。很多学者认为中国制造业要遵循可持续发展道路就必须实现"新型化"，依靠科技创新来减少能源消耗、减少污染、提升生产效率和竞争力。[③] 李廉水等首次从科技创新能力、经济创造能力、能源节约能力、环保能力和社会服务能力方面阐述了新型化制造业的内涵，并构建了以上五个指标在内的评价体系，对我国制造业新型化进行了评价。他们认为我国制造业未来必须走新型化道路，从以上五个方面协调发展。[④] 江飞涛等核算了我国的经济增长的来源，结果表明政府主导投资的工业增长方式是我国工业增长效率恶化的主要因素，我国工业

---

① 张学良:《中国交通基础设施促进了区域经济增长吗——兼论交通基础设施的空间溢出效应》,《中国社会科学》2012年第3期。

② 张光南、宋冉:《中国交通对"中国制造"的要素投入影响研究》,《经济研究》2013年第7期。

③ 李廉水、杜占元:《"新型制造业"的概念、内涵和意义》,《科学学研究》2005年第2期。李平、王钦、贺俊、吴滨:《中国制造业可持续发展指标体系构建及目标预测》,《中国工业经济》2010年第5期。

④ 李廉水、程中华、刘军:《中国制造业"新型化"及其评价研究》,《中国工业经济》2015年第2期。

增长需向创新驱动和效率驱动模式转变。[1]

针对自主创新能力不强的弱点，我国制造业发展战略需立足于打造创新驱动新优势，强化人才支撑，加强人力资本投资以提升产业配套能力和劳动生产率。陆剑等的研究解释说明了国家实施创新驱动的原因，当一国与世界发达国家的技术差距加大时，技术模仿比技术创造更能促进该国生产效率的提高，而当与世界前沿技术差距较小时，创新比模仿更具有效率，现阶段我国技术已有较大的改善，因此创新驱动战略是必要选择。[2] 吴丰华和刘瑞明认为产业升级能带动自主创新，他们基于1997—2011 年全国 30 个省份的平衡面板数据进行实证分析，结果表明第二、第三产业的结构升级能够有效带动自主创新能力提升，并指出在产业升级过程中融入自主创新是提升企业、区域和国家自主创新能力的有效途径。[3] 李钢、沈可挺、郭朝先的研究指出中国的劳动密集型产业需要升级，高水平产业技术人才的缺乏是制约劳动密集型产业竞争力提升的主要障碍，并指出中国的产业将与劳动力素质一起升级，劳动力素质的升级对中国的产业升级具有至关重要的作用。[4]

针对环境成本和要素成本的约束，我国制造业发展战略需走"能源消耗低、环境污染少"的新型工业化道路。中国的能源效率总体水平很低并且区域差异较大，从而反映出中国工业经济结构调整以及工业行业技术升级的重要性。李世祥、成金华基于省际工业行业面板数据评价了我国的能源效率，结果显示我国主要耗能行业的能源效率都不高，主要原因是受能源密集型的工业结构以及生产技术结构的限制，产业结构调

① 江飞涛、武鹏、李晓萍：《中国工业经济增长动力机制转换》，《中国工业经济》2014 年第 5 期。
② 陆剑、柳剑平、程时雄：《中国与 OECD 主要国家工业行业技术差距的动态测度》，《世界经济》2014 年第 9 期。
③ 吴丰华、刘瑞明：《产业升级与自主创新能力构建——基于中国省际面板数据的实证研究》，《中国工业经济》2013 年第 5 期。
④ 李钢、沈可挺、郭朝先：《中国劳动密集型产业竞争力提升出路何在——新〈劳动合同法〉实施后的调研》，《中国工业经济》2009 年第 9 期。

整应重点向物质资源消耗少的产业转移。[1] 魏楚、沈满洪基于1995—2006年省级面板数据，利用数据包络分析方法构建了能源技术效率指标体系，结果显示产业结构调整有利于改善能源效率，优化能源消费结构、发展高效清洁能源可以大幅度提高能源效率。[2] 王秋彬基于工业结构优化升级的视角并结合国际产业分工系统，全面地探讨工业行业能源效率的影响因素，结果发现工业结构变化、产权结构的调整、能源消费结构对能源效率影响显著为负，国际产业分工结构则有利于能源效率的提高。[3] 王班班和齐绍洲探讨了技术进步如何通过要素替代影响中国工业能源强度，基于1999—2010年我国工业的36个行业数据计算了不同来源技术的要素替代对能源强度的影响，结果表明，进口、研发投入、FDI水平溢出和后向溢出是能源节约的主要影响因素，出口和FDI前向溢出是能源使用的主要影响因素，因此重视国际贸易和FDI的不同技术偏向能使能源技术进一步加强。[4] 陈关聚基于2003—2010年制造业数据测度了中国制造业30个行业的全要素能源效率，研究结果发现我国制造业能源效率呈现先上升后停滞的阶梯形变化特征且行业间差异较大，具体表现为重工业能源消耗量大，但能源效率高且劳动力密集型的轻工制造业能源消耗量少。[5]

我国制造业发展战略还需促进生产性服务业与制造业从共生互动到融合，促进产业结构的转型升级。生产性服务业源于生产性服务的外包，外包和价值链嵌入提高了制造业的运营效率和资源配置效率，使得部分

---

① 李世祥、成金华：《中国主要工业省区能源效率分析：1990—2006年》，《数量经济技术经济研究》2008年第10期。

② 魏楚、沈满洪：《结构调整能否改善能源效率：基于中国省级数据的研究》，《世界经济》2008年第11期。

③ 王秋彬：《工业行业能源效率与工业结构优化升级——基于2000—2006年省际面板数据的实证研究》，《数量经济技术经济研究》2010年第10期。

④ 王班班、齐绍洲：《有偏技术进步、要素替代与中国能源强度》，《经济研究》2014年第2期。

⑤ 陈关聚：《中国制造业全要素能源效率及影响因素研究——基于面板数据的随机前沿分析》，《中国软科学》2014年第1期。

生产过程中以中间产品形式存在的服务从制造业脱离（Marshall 等，1987）。制造业企业通过服务化转型，一方面可以增加产品中知识型服务要素的密集度，带来产品种类增加，实现范围经济，同时降低企业成本，提高企业效率；一方面可以专注于产业链中创造价值的高端活动，降低价值链中各环节间的协调成本，实现产业从低端向高端的升级。[①] 不仅如此，由于生产性服务业的技术和人力资本含量较高，其与制造业的互动和融合可以为制造业企业带来示范效应，激励企业的技术创新，推进企业管理模式的创新，从而提高制造业的生产效率。[②] 江静等实证研究发现生产性服务业的扩张及其与制造业的融合促进了工业的整体效率提高。[③] 顾乃华利用城市面板数据和随机前沿函数分析了生产性服务业对工业的外溢效应，结果发现就我国整体城市而言，生产性服务业对提升工业获利技术效率发挥着显著的正向作用。[④] 陈建军和陈菁菁研究了生产性服务业与制造业的协同定位，认为降低交易成本可以促进产业的升级和地区产业的协调发展，生产性服务业与制造业在区位选择中相互影响。[⑤]

（二）制造业与财政税收关系的理论综述

1. 制造业与财政税收关系

税收或支出的财政政策影响制造业企业资本的流动，进而影响着制造业产业的集聚效应。策略性降低税率或增加基础设施类支出可吸引企业资本的流入，从而扩大税基促进地方经济增长。尽管我国相关法律明

---

① 周大鹏：《制造业服务化对产业转型升级的影响》，《世界经济研究》2013 年第 9 期。

② 张艳、唐宜红、周默涵：《服务贸易自由化是否提高了制造业企业生产效率》，《世界经济》2013 年第 11 期。

③ 江静、刘志彪、于明超：《生产者服务业发展与制造业效率提升：基于地区和行业面板数据的经验分析》，《世界经济》2007 年第 8 期。

④ 顾乃华：《生产性服务业对工业获利能力的影响和渠道——基于城市面板数据和 SFA 模型的实证研究》，《中国工业经济》2010 年第 5 期。

⑤ 陈建军、陈菁菁：《生产性服务业与制造业的协同定位研究——以浙江省 69 个城市和地区为例》，《中国工业经济》2011 年第 6 期。

确规定了企业的各项基本税率，地方政府仍然能够通过税收减免和税收优惠等手段影响企业的实际税收负担，从而引导资本的流入。财政补贴的作用与此类似，它表现了政府在财政收入来源和支出方向上的微观调整。政府的支出或税收政策从两个方面对产业集聚产生影响。一方面通过税收优惠及补贴增强本辖区对流动性资本的吸引，从而促进了产业的集聚；另一方面政府通过持续增加基础建设类支出不断地改善当地公共基础设施水平，减少企业的交易成本，促进了制造业产业的集聚（王永培、晏维龙，2014）。Fujita and Thisse（2002）很早就指出政府的财政政策对产业集聚产生显著作用。① 黄玖立和李坤望也认为各级地方政府的税收等优惠政策是推动中国东部沿海省市的工业化和工业活动集聚的主要因素。② 不仅如此，政府的税收行为对企业区位重置也产生影响，税收对规模不同企业的影响是不同的，政府根据企业规模设置税率容易导致大型企业重新选择区位，税率较高时大企业更倾向于迁移，生产率最高的企业最先迁移出去（Baldwin、Okubo，2009）③。Okubo and Tomiura（2012）关于企业异质性下产业转移补贴政策如何影响区域协调发展的研究表明，产业转移补贴政策吸引低生产率企业迁移至边缘区，从而加大核心区和边缘区的生产率差距，这不利于经济一体化。④

制造业集聚与政府税收之间存在着相互影响。新经济地理框架下的政府间的税收竞争模型表明，企业在某个地区集聚带来的正外部性创造了可征税的集聚租，政府对集聚区征税的边际变动将不会引起资本的流动，从而将导致集聚地区资本税率的提高，即为产业集聚的创租效应

---

① Fujita, M., Thisse, J. F.. *Economics of Agglomeration: Cities, Industrial Location, and Regional Growth.* Cambridge University Press, Cambridge, 2002.

② 黄玖立、李坤望：《对外贸易、地方保护和中国的产业布局》，《经济学》（季刊）2006 年第 5 卷第 2 期。

③ Baldwin, R., & Okubo, T., "Tax Reform, Delocation, and Heterogeneous Firms". *The Scandinavian Journal of Economics*, 111 (4), 2009, pp. 741 – 764.

④ Okubo, T., Tomiura, E.. "Industrial Relocation Policy, Productivity and Heterogeneous Plants: Evidence from Japan", *Regional Science & Urban Economics*, Vol. 42, No. 1 – 2, 2012, pp. 230 – 239.

（Kind，H.，et al.，1998；Ludema，Wooton，2000）。因为集聚租的存
在，政府在利用税收优惠政策鼓励行业发展时，应该给予低集聚行业更
多的税收优惠政策，以有效引导资本进入该行业从而促进行业发展。[①]
Ludema and Wooton（2000）的研究指出企业对于政府征收集聚租的行
为反应分为两种：第一种纳税，由于企业从集聚中获得的外部性收益足
以抵消因缴纳集聚租而提高的税率，市场自发调节的产业集聚达到均衡
状态，政府若再增加税率则导致企业的迁出；第二种避税，企业利用地
区间的税收竞争创造的漏洞而避税，企业的避税行为是一把双刃剑，避
税可以降低集聚租而引起的企业迁出，但也减少了辖区的税基，降低了
区域的公共品供给水平。[②] 国内的实证文献中并没有发现我国地方政府
对集聚租征税，王永培、晏维龙（2014）基于 2000—2008 年中国制造
业企业数据实证检验了制造业产业集聚对企业的避税效应，结果表明我
国制造业的地理集聚对企业避税行为起到了促进作用。

地方政府财税政策对区域资本配置效率也存在着影响。为了吸引外
资促进当地劳动力就业和经济发展，各地方政府纷纷出台优惠的外资税
收减免政策并加大当地的基础设施类投资，导致许多政府支出变成沉默
成本，造成区域资本配置低效率。[③] 梁琦等基于微观企业数据的实证分
析表明，欠发达地区的补贴政策倾向于吸引低效率企业，不利于欠发达
地区的可持续发展，成为加大地区间生产率差异的重要因素。[④] 安苑以
税收和补贴作为切入点，基于 1998—2007 年间的数据考察了中国制造
业内部的财政资源再配置对制造业整体经济效率的影响，结果表明中国

[①] 马念谊、吴若冰：《产业税收优惠中的隐性税收问题研究——基于中国制造业的实证分析》，《经济问题探索》2014 年第 11 期。

[②] Ludema，R. D.，& Wooton，I，"Economic Geography and the Fiscal Effects of Regional Integration"，2000.

[③] 成力为、孙玮、孙雁泽：《地方政府财政支出竞争与区域资本配置效率——区域制造业产业资本配置效率视角》，《公共管理学报》2009 年第 6 期。

[④] 梁琦、李晓萍、吕大国：《市场一体化、企业异质性与地区补贴——一个解释中国地区差距的新视角》，《中国工业经济》2012 年第 2 期。

各个地区的制造业内部均存在着较为显著的财政资源再配置,其中补贴的再配置尤为明显,财政资源再配置显著促进了劳均资本积累和技术效率的改进,但抑制了技术进步。[①] 此外,税收优惠政策促进了制造业企业利润的提升。马念谊和吴若冰基于 2007—2011 年的全国税收调查数据,对我国制造企业的隐性税收问题进行实证研究,结果表明企业因享受产业税收优惠政策,税前收益率将随其享有的企业所得税税收优惠的增加而上升,实证检验也同时表明我国制造企业能够将税收优惠政策带来的利益留在企业内部。[②]

2. 支持制造业发展的财税政策

财政政策对制造业发展具有深远的影响,为加快制造业发展并推进其产业升级,学者们从如何促进企业创新能力、产业融合、产业结构调整等方面给出了相关的财政政策建议。陈宇、佟林认为企业的创新能力不足是我国产品生产低端化的重要原因,要解决这个问题需要财政的支持。一方面需要政府提供财政资金支持,对关键技术领域的开发可以设立相应的产品研发基金,并通过贴息或政府出资担保等手段为企业提供低息贷款。[③] 另一方面需要对企业加大税收优惠力度,对企业进行研发的投资给予税收优惠,鼓励企业进行科研活动。张万强从降低企业的生产成本、减少经营风险、增强创新动力、增强发展动力、提升运行效率、促进产业融合六个方面阐释了财政政策如何影响制造业发展,具体是引入网络体系中"耦合"的概念,认为政府可以通过使用不同类型财政政策,促进装备制造业中的生产要素、关联产业、价值链以及技术和知识等方面的相互作用,从而带来"耦合效应",进而推动装备制造

---

① 安苑:《财政资源再配置如何影响制造业的经济效率》,《江西财经大学学报》2014 年第 1 期。

② 马念谊、吴若冰:《产业税收优惠中的隐性税收问题研究——基于中国制造业的实证分析》,《经济问题探索》2014 年第 11 期。

③ 陈宇、佟琳:《我国产业结构升级的财税政策取向》,《税务研究》2015 年第 4 期。

业的市场竞争力，同时也带动了下游产业的发展。[①] 张同斌、高铁梅通过构建可计算一般均衡模型（CGE）来分析财政激励政策和税收优惠政策对高新技术产业[②]发展以及对产业结构调整的影响。[③] 他们认为，相对于税收优惠政策而言，财政激励政策的效果更加明显，财政激励政策对高新技术产业的发展以及对产业结构调整均有正的积极效应。财政激励政策的运用相对灵活，实施起来方便，而税收优惠政策一旦制定后不容易进行变动。同时，税收的减少会带来财政收入的减少并导致不公平竞争等负面后果，不利于经济健康发展，因此对高新技术产业使用财政政策时要慎用税收优惠政策。类似的，赵福军的研究成果表明财政支出和税收优惠政策均对战略性新兴产业[④]具有促进作用，并且投入力度越大，促进效果越明显。但短期内来讲，财政支出政策的效果要明显好于税收优惠政策。税收优惠政策之所以对新兴产业促进效果小，原因在于市场不成熟，赵福军认为在市场发展较为成熟的市场中税收优惠政策会有更好的表现。[⑤] 张万强、潘敏通过协整的手段分析 1996—2011 年我国财政政策对装备制造业产出的影响，他们发现相对于财政支出的手段来讲，税收优惠的手段对装备制造业的正向效应更加明显。[⑥]

不过，也有学者提出相对谨慎的观点，倪红日在研究历史上各国产

---

① 张万强：《提升中国装备制造业市场竞争力的财政政策研究》，博士学位论文，辽宁大学，2013 年。

② 根据 2002 年 7 月国家统计局印发的《高技术产业统计分类目录的通知》，中国高技术产业的统计范围包括航天航空器制造业、电子及通信设备制造业、电子计算机及办公设备制造业、医药制造业和医疗设备及仪器仪表制造业等。

③ 张同斌、高铁梅：《财税政策激励、高新技术产业发展与产业结构调整》，《经济研究》2012 年第 5 期。

④ 根据 2010 年通过的《国务院关于加快培育和发展战略性新兴产业的决定》，我国的战略性新兴产业包括：节能环保、新一代信息技术、生物、高端装备制造、新能源、新材料和新能源汽车等。

⑤ 赵福军：《支持战略性新兴产业财税政策国际经验及借鉴》，《地方财政研究》2015 年第 6 期。

⑥ 张万强、潘敏：《财政政策影响装备制造业发展的经验分析》，《财经问题研究》2015 年第 7 期。

业结构变动时发现，市场在产业结构变动中起到了决定性的作用，虽然中国政府在产业结构调整中起的作用要明显高于其他国家，但随着产业结构调整的不断进行，政府的力量在逐步削弱，而市场的力量正在发挥着主导作用。① 因此，政府在产业结构调整、支持工业发展的过程中要注意财政政策支持的力度，不能直接地干预企业的活动，要注意过度的税收优惠政策会产生矫枉过正的后果，造成新的产业扭曲。

---

① 倪红日：《鼓励自主创新的税收政策与制度完善分析》，《税务研究》2007 年第 1 期。

第二章

中国制造强国战略的
总体思路与目标

　　制造业是国民经济的重要组成部分，制造业的兴衰印证着大国的兴衰，只有成为制造强国，才能成为经济大国和强国。金融危机以来，发达国家纷纷开始重新审视制造业在国民经济发展中的作用和地位，并相继出台振兴本国制造业的战略及相应的政策，试图利用以数字化、网络化、智能化制造为标志的新一轮科技革命和产业变革带来的重大机遇，重塑其在全球制造业发展中的竞争优势，进一步强化其优势地位。现阶段，我国制造业正面临着产能过剩、传统低成本优势逐渐丧失、资源与环境约束日趋刚性的内在考验，还同时面临着发达国家通过"再工业化"战略抢占制造业高地与发展中国家追赶所带来的"前后夹击"。正是在这样的背景下，我国制定了自己的制造强国战略，致力于向制造强国迈进。

一　中国制造强国战略的总体思路

（一）《中国制造 2025》总体思路
《中国制造 2025》① 是我国实施制造强国战略第一个十年的行动纲

---

① 详见《国务院关于印发〈中国制造 2025〉的通知》，国发〔2015〕28 号。

领，集中体现了中国政府制造强国战略的总体思路。《中国制造 2025》中明确提出了的战略总体的指导思想，即"以促进制造业创新发展为主题，以提质增效为中心，以加快新一代信息技术与制造业深度融合为主线，以推进智能制造为主攻方向，以满足经济社会发展和国防建设对重大技术装备的需求为目标，强化工业基础能力，提高综合集成水平，完善多层次多类型人才培养体系，促进产业转型升级，培育有中国特色的制造文化，实现制造业由大变强的历史跨越"。

《中国制造 2025》还进一步提出了"创新驱动，质量为先，绿色发展，结构优化，人才为本"的基本方针，方针内容具体如下：

创新驱动。坚持把创新摆在制造业发展全局的核心位置，完善有利于创新的制度环境，推动跨领域跨行业协同创新，突破一批重点领域关键共性技术，促进制造业数字化、网络化、智能化，走创新驱动的发展道路。

质量为先。坚持把质量作为建设制造强国的生命线，强化企业质量主体责任，加强质量技术攻关、自主品牌培育。建设法规标准体系、质量监管体系、先进质量文化，营造诚信经营的市场环境，走以质取胜的发展道路。

绿色发展。坚持把可持续发展作为建设制造强国的重要着力点，加强节能环保技术、工艺、装备推广应用，全面推行清洁生产。发展循环经济，提高资源回收利用效率，构建绿色制造体系，走生态文明的发展道路。

结构优化。坚持把结构调整作为建设制造强国的关键环节，大力发展先进制造业，改造提升传统产业，推动生产型制造向服务型制造转变。优化产业空间布局，培育一批具有核心竞争力的产业集群和企业群体，走提质增效的发展道路。

人才为本。坚持把人才作为建设制造强国的根本，建立健全科学合理的选人、用人、育人机制，加快培养制造业发展急需的专业技术人才、经营管理人才、技能人才。营造大众创业、万众创新的氛围，建设一支素质优良、结构合理的制造业人才队伍，走人才引领的发展道路。

《中国制造2025》同时提出了中国制造强国战略制定实施应遵循的基本原则，"市场主导，政府引导；立足当前，着眼长远；整体推进，重点突破；自主发展，开放合作"，其具体内容如下：

市场主导，政府引导。全面深化改革，充分发挥市场在资源配置中的决定性作用，强化企业主体地位，激发企业活力和创造力。积极转变政府职能，加强战略研究和规划引导，完善相关支持政策，为企业发展创造良好环境。

立足当前，着眼长远。针对制约制造业发展的瓶颈和薄弱环节，加快转型升级和提质增效，切实提高制造业的核心竞争力和可持续发展能力。准确把握新一轮科技革命和产业变革趋势，加强战略谋划和前瞻部署，扎扎实实打基础，在未来竞争中占据制高点。

整体推进，重点突破。坚持制造业发展全国一盘棋和分类指导相结合，统筹规划，合理布局，明确创新发展方向，促进军民融合深度发展，加快推动制造业整体水平提升。围绕经济社会发展和国家安全重大需求，整合资源，突出重点，实施若干重大工程，实现率先突破。

自主发展，开放合作。在关系国计民生和产业安全的基础性、战略性、全局性领域，着力掌握关键核心技术，完善产业链条，形成自主发展能力。继续扩大开放，积极利用全球资源和市场，加强产业全球布局和国际交流合作，形成新的比较优势，提升制造业开放发展水平。

（二）中国制造强国战略总体思路的完善

《中国制造2025》中首次明确提出了当前中国制造强国战略的总体思路，具有非常重要的现实意义。但是，我们也应当看到，总体思路方面仍有一些地方需要进一步完善和补充。首先，《中国制造2025》中提出了"市场主导，政府引导"的基本原则，但在论述"整体推进，重点突破"时却强调全国一盘棋与分类指导,强调需要政府进行统筹规划与合理布局,强调应由政府来明确未来创新的方向,这在很大程度上体现出的是"政府主导",因而有必要对中国制造强国战略中政府与市场关系进行更为深入的探讨。其次,从各国比较研究与历史分析来看,要将一个国家打造成为制造强国,必须要形成自身独特、不易模仿、不易扩散的新技术能力,以及与这种技术能力"战略互补"的制度框架,作为未来十年中国制造业发展战略的《中国制造 2025》并未对此有所涉及。

1. 应高度重视制造强国战略中市场与政府关系的调整

制造强国战略的政策体系实质是产业政策体系,制造强国战略的总体思路应首先从顶层设计上确定政策体系中市场与政府的关系。

(1)产业政策中的市场与政府关系

产业政策,从市场与政府的关系的角度来划分,可以分成两种不同的类型,即选择性产业政策和功能型产业政策。选择性产业政策是以"政府对微观经济运行的广泛干预,以挑选赢家、扭曲价格等途径主导资源配置"为特征。在选择性产业政策中,政府居于主导地位,政府"驾驭"市场、干预市场与替代市场。功能型产业政策则是"市场友好型"的产业政策,它是以"完善市场制度、补充市场不足"为特征。即在功能型产业政策中,市场居于主导地位,政府的作用是增进市场机能、扩展市场作用范围并在公共领域补充市场的不足,让市场机制充分发挥其决定性作用。选择性产业政策的倡导者认为,后发国家可以借鉴先行国家的经验,发挥"后发优势",通过政府实施产业政策来积极干预,主动推动产业结构的调整和升级。选择性产业政策行之有效的基本前提是,政府能在各个时点上正确挑选出未来一段时期"应该"发展的产业、产品、技术与工艺,而这需要政府对于消费者需求及其变化趋势、生产者成本与技术能力及其变化趋势、新产品与新技术研发及其未来发展方面具有完全、即时与正确的信息和知识。然而,这些信息只能通过市场交易行为与价格机制、经济主体分散试错与市场竞争选择机制及整个市场过程才能揭示出来。后发国家借鉴发达国家的经验并不能有效解决政府实施选择性产业政策时面临的信息严重不足问题，所谓的产业结构的演变规律是根据发达国家历史经验的总结，后发国家面临的发展环境和条件与之存在巨大差异，后发国家很难照搬发达国家的产业结构变化；同时，这些演变规律的研究是粗线条的，产业的划分非常笼统，各发达国家在产业结构及制造业内部结构的演进上也存在比较大的差异，很难据此确定在什么具体时间应扶持何种具体产业、技术、工艺与产品。在实际的经济运行中，政府在制定选择性产业政策时，往往还会因为受自身的利益与偏好的影响，或者被利益集团所俘获，选择"错误"的产业、产品或技术路线进行扶持，产业政策也相应成为设租与寻租、为特定利益集团提供利益与庇护的工具。因而，政府实际上是无法正确选择"应该发展"和"不应发展"的产业、"应该"开发或者不应该开发的技术，这些只能通过市场主体的试错与市场竞争过程去发现（江小涓，1996，[①] 1999；[②] Lall，2001[③]）。迈克尔·波特（2000）、[④] 竹内高宏（2002）[⑤] 的研究就表明日本成功的产业大多没有产业政策的支持，而失败的产业恰恰是产业政策支持或管制约束较多的行业。

艾京格（Aiginger）和西贝尔（Sieber）（2005）认为，功能型产业政策在本质上是横向的（即针对所有产业的），旨在保护有利于提高产业竞争力的框架性条件（即市场制度与市场环境）。产业政策的工具是旨在为企业和企业家捕捉赢利机会、实现他们的理念、从事经济活动提

---

① 江小涓：《经济转轨时期的产业政策：对中国经验的实证分析与前景展望》，上海人民出版社1996年版。

② ［日］竹内高宏：《日本产业政策论的误解》，东京经济出版社2002年版。

③ Lall, S., "Comparing National Competitive Performance", *Queen Elizabeth House Working Paper Series*, No. S61, 2001.

④ ［美］迈克尔·波特：《日本还有竞争力吗》，中信出版社2002年版。

⑤ ［日］竹内高宏：《日本产业政策论的误解》，东京经济出版社2002年版。

供框架条件的政策。与此同时，这些政策的制定需要考虑到各个部门的具体需求和特点。例如，需要根据医药、化工、汽车等行业的固有特征制定这些行业的具体法规，与此相似，需要根据这些行业的固有特征对其制定不同的产业政策。因此，产业政策不可避免地是横向基础和行业应用基础的结合。这种类型的产业政策又被艾京格和西贝尔称之为矩阵产业政策。[①]

在功能型产业政策的倡导者和践行者看来，市场机制是配置资源、激励创新、推动效率提升与产业转型升级最为有效的机制，但是市场机制能否充分发挥作用取决于市场制度（或市场体系）的完善程度，并且市场机制在教育、基础科学与技术研究、环境保护等公共领域存在不足。因而，产业政策的重点应该放在为市场机制充分发挥其决定性作用提供完善的制度基础，强化保持市场良好运转的各项制度，建立开放、公平竞争的市场体系，培养人力资本以适应产业结构演进与经济发展对于高技能劳动力的需求，支持科学研究与技术创新等方面。功能型产业政策尤为注重促进企业创新与能力建设，特别强调通过对创新活动的普遍性支持，包括完善有利于创新的市场制度与市场环境，构建科技信息交流与共享平台、技术转移平台、科技成果评估与交易平台、产学研合作创新平台等科技服务公共平台，以此来促进企业、产业乃至整个国民经济的创新能力和竞争能力。新兴产业的发展往往会带来商业模式、组织模式、创新模式的巨大改变，而原有的某些制度安排常常会阻碍这种改变，从而会阻碍新兴产业的发展，这时需要政府根据市场经济的基本准则调整相应制度安排，扩展市场的作用范围，顺应新兴产业发展的要求。

---

① Aiginger, K. and Sieber, S., "Towards are new edindustrial policy in Europe, Back ground Report of the Competitiveness of European Manufacturing, Preparedas Chapter 1 for the Back ground Report of the Competitiveness of European Manufacturing", European Commission, DGEnterprise, ProjectLead Hannes Leo, WIFO, 2005.

（2）发达国家"再工业化"战略中的市场与政府关系

2008年国际金融危机以后，美国逐渐重新认识到制造业的重要性，奥巴马政府将重振制造业作为美国经济长远发展的重要战略，美国试图依托它在信息技术与先进制造技术方面的优势，通过建设"现代工厂"，围绕"构筑新优势，巩固现有优势，消除不利影响因素，创造有利外部环境"的思路，来加快推动全球工业生产体系向有利于美国技术和资源禀赋优势的个性化制造、自动化制造、智能化制造方向转变。美国政府重振制造业的主要政策措施包括技术工人劳动技能的提升，现代工厂建设，进一步完善资本市场，改善交通、电力、通信网络基础设施，改革产业管制体制，普惠的减税政策等方方面面。从政府与市场关系上看，美国政府的"再工业化"政策并不是简单通过财政补贴、税收优惠直接扶持特定的产业、技术路线、产品或者特定的企业，而是为制造业企业发展营造良好的商业环境和创新环境。①

德国高技术战略。2006年，德国政府发布《德国高技术战略》，2010年升级为《德国高技术战略（2020）》。这两项政策都是试图通过推动德国产业的持续创新，应对来自国内与全球的挑战，维护和提升德国产业的国际竞争优势，保持德国作为领先市场的地位。围绕高技术战略的实施，德国政府出台了一系列的政策措施，这些政策包括支持新兴产业基础技术的研究开发、优化创业环境、实施普惠型的"中小企业创新核心项目"、实施"德国尖端集群项目"、推动创新联盟的建立并支持其研发活动、发起"科技校园：公司创新伙伴联盟"行动计划、推行终身学习计划和实施典型示范计划，等等。从政府与市场关系上看，德国高技术战略的政策措施，主要围绕先进制造技术人才的培养、支持创新联盟与创新集群、进一步完善国家创新体系与创新环境、为创

---

① 中国社会科学院工业经济研究所课题组：《主要工业化国家促进工业发展的历史经验、最新动态及其对我国的启示》，中国社会科学院工业经济研究所研究报告，2014年。

新成果和新技术的转移创造更好的环境展开，全方位为德国产业的创新发展提供良好的环境。

日本再兴战略。2013 年 6 月，日本政府推出"日本再兴战略"，将振兴具有国际竞争力的制造业作为重要目标，并明确提出将促进制造业发展作为国家战略的重要内容，设定了发展目标和政策手段。主要采取的政策措施包括：以补贴、租赁补贴、减税等方式促进先进设备投资，以普惠性减税的方式促进企业加大研究开发投资，支持 3D 打印等添加制造技术的合作研究开发与添加制造人才的培养，支持下一代先进制造技术及基础技术的研究开发，加大国际科技基础设施建设，为中小企业的研究开发与技术创新提供全方位的支持，支持新兴产业高技能人才的培养，等等。从政府与市场关系上看，当前日本的产业政策主要是为制造业发展创造良好的外部环境，并支持基础技术和共性技术的研发以及人才培养。

（3）制造强国战略中应尤为重视市场与政府关系的调整

无论从战略方针还是从后续的政策措施来看，《中国制造 2025》均具有较强的选择性产业政策的特点，政府实质上仍是处于更为强势的地位。但是，随着我国经济进入新常态以及新一轮技术革命与产业变革的孕育兴起，中国制造强国战略应该调整政策体系中的市场与政府关系，转为实施功能型产业政策体系。

第一，中国经济已进入新常态，越来越不具备实施选择性产业政策的前提条件。从消费需求来看，模仿型排浪式消费阶段基本结束，个性化、多样化消费渐成主流，政府部门更难选择应该培育什么消费产品、不应该培育什么消费产品。而从投资需求来看，传统产业投资相对饱和，新技术、新产品、新业态、新商业模式的投资机会大量涌现，但是新的投资机会也意味着面临更大的不确定性，政府部门更难确知哪些新产品、新业态、新商业模式的投资会成功并成为市场的主导。而从技术与供给层面看，随着整体技术水平向技术前沿逼近，在新兴技术和产业领域已经没有可供借鉴的发达国家的成熟经验，面临着与发达国家同样的高度不确定性。在经济新常态下，政府部门更不可能正确选择"应当"扶持的产业、产品、技术与工艺。促进产业结构调整与转型升级，只能依靠实施功能型产业政策，通过完善市场制度、构筑良好的市场环境与创新环境来实现。

第二，当前中国产业结构调整与转型升级迫切需要实施功能型产业政策。当前中国的市场体系仍不健全，计划经济思维影响仍然存在，产业结构调整与转型升级中面临的诸多障碍（例如产能过剩、创新动力不足等），看似是"市场失灵"，实则是市场制度不健全和政府广泛干预微观经济的结果。试图通过政府对微观经济更为广泛和细致的管束来治理这种所谓的"市场失灵"只能是南辕北辙，会进一步抑制市场的活力，导致制度缺陷或"政府失灵"更加难以得到解决。面对这种所谓的"市场失灵"，产业政策要做的不是管制和替代市场，而是应当矫正与完善市场制度，促进市场主体之间自发协调机制的发展，通过市场主体持续试错、反复试验与创新实践，寻求有效的结构调整与转型升级路径。产业政策作为政府促进产业结构调整与转型升级的重要举措，不应当是政府替代市场的工具，而应当是政府增进市场功能与扩展市场作用范围的手段。

第三，全面深化改革迫切需要产业政策转型。党的十八届三中全会通过的《中共中央关于全面深化改革若干重大问题的决定》明确指出，"经济体制改革是全面深化改革的重点，核心问题是处理好政府和市场的关系，使市场在资源配置中起决定性作用和更好发挥政府作用。市场决定资源配置是市场经济的一般规律，健全社会主义市场经济体制必须遵循这条规律，着力解决市场体系不完善、政府干预过多和监管不到位问题"。而当前，中国实施的产业政策具有比较强烈的干预市场、管制市场与替代市场的特征，这些产业政策大多效果不佳，由此带来的不良政策效应却日趋突出，且不符合十八届三中全会全面深化改革的战略部署。而功能型产业政策与深化经济体制改革的方向是高度一致的，并可作为深化经济体制改革的重要手段。

（4）制造强国战略中市场与政府关系的重新定位

制造强国战略中市场处于实质上的主导地位，政府的作用不在于引导市场或者驾驭市场，而在于更好地发挥政府作用，顺应市场、通过完善市场制度以增进市场机能与扩展市场作用范围，并在公共领域补充市场的不足，使市场在资源配置中更好地发挥其决定性作用。如前文所述，中国经济进入新常态后，随着制造业发展水平向技术前沿逼近，消费需求呈现越来越显著的个性化、多样化特征，中国制造业面临技术路线、产品、市场、商业模式等方面的高度不确定性，任何机构和个人（包括政府和单个的企业）都不可能准确预测何种产品、何种技术路线、哪家企业最后一定成功，只有依靠众多企业的"分散试错"与市场"优胜劣汰"的竞争选择过程才能产生最后的优胜者。因而，制造业的结构调整与转型升级，必须发挥市场机制的决定性作用，无论是在技术路线选择，新产品的开发、产业化、商业化模式选择，还是在产业升级的方向、制造业发展新的增长点的选择都应该如此。市场机制能否充分发挥其决定性作用，需要政府更好地发挥作用，对于中国而言，一方面迫切需要政府大幅度减少对于微观经济活动的干预，另一方面迫切需要政府全面深化经济体制改革，构建完善市场经济制度体系与创造良好的市场环境，并在"市场失灵"与外部性领域积极作为市场的补充，这包括提供公共服务、建设和完善基础设施、支持基础科学研究、促进技术创新与机制转移、加强节能减排与安全生产监管。

2. 应高度重视中国制造业核心能力的形成和发展

《中国制造2025》本质上仅仅是一个政策力度更大的传统的（选择性）产业政策，没有从根本上指明中国要成为制造强国，制造业应该"往何处去"以及"如何去"的问题。从对发达国家的比较研究与历史经验来看，制造强国都具有其核心（竞争）能力，这种核心能力不易扩散也不易被模仿。后发国家要成功实现追赶，往往需要形成自身独特的核心能力，并通过自身独特能力或者资源对先行发达国家的能力与资源形成替代。能够推动后发国家成功发展成为制造强国的制度安排、战略与政策，必须与该国的制造业核心能力匹配（黄群慧、贺俊，2015），必然有利于促成其独特核心能力的形成和发展。

因此，中国制造强国战略应着眼于促进中国制造业核心能力的形成和发展。黄群慧、贺俊（2015）进一步指出：与制造业核心能力相适应的制度框架，应该既具有先进制造业国家制度框架的一般特征，更应该具有路径依赖和本国独特核心能力所共同决定具有异质性的特征，在制度框架中只有那些具有异质性特征的成分才能形成制造强国独特的组织能力，这种独特的组织能力与核心能力"战略互补性"的特征在共同演进过程中相互增强。与美、德、日、韩等制造强国相比，当前中国制造业在模块化架构的产品与大型、复杂的装备领域具有一定优势，而在产品架构一体化的领域、制造工艺一体化的领域与既具有一体化的特征又需要前沿技术与创新能力支撑的核心（关键）零部件领域则相对缺乏优势。未来，中国提升制造业核心能力的可能方向有以下两个：第一，通过产品架构与标准创新来提升将一体化架构产品转化为模块化架构产品的能力，以此缩短产品生命周期演进的一般路径；第二，针对国外产品、技术与中国本土市场的需求不匹配问题，充分利用中国在本土市场和制造方面的优势，持续提升技术集成能力与复杂装备架构创新能力。中国制造强国战略，应考虑从以上两个可能方向推进中国制造核心能力的形成与提升。

3. 应高度重视包容发展的原则

包容性发展是指所有人都可公平地参与制造业发展，并分享由此带来的繁荣和利益。包容性发展倡导机会平等，这首先有赖于建立公平有序的市场竞争环境，让各阶层的人们可以凭借自身努力，相对公平而充分地参与到制造业发展中来，并分享发展成果。高度重视劳动者素质与技能的提升，这一方面有助于提升制造业的效率，另一方面有助于劳动者能更多分享制造业发展的成果。应尤为重视为低收入阶层提供良好的职业教育和工作技能培训，让低收入阶层有更多机会参与到制造业发展中。还应鼓励和支持制造业企业创造更多新工作岗位，特别是高质量工作岗位的投资。

二　制造强国的战略目标

《中国制造2025》明确提出，力争通过"三步走"实现制造强国的战略目标：第一步，力争用十年时间，迈入制造强国行列。到2020年，基本实现工业化，制造业大国地位进一步巩固，制造业信息化水平大幅提升。掌握一批重点领域关键核心技术，优势领域竞争力进一步增强，产品质量有较大提高。制造业数字化、网络化、智能化取得明显进展。重点行业单位工业增加值能耗、物耗及污染物排放明显下降。到2025年，制造业整体素质大幅提升，创新能力显著增强，全员劳动生产率明显提高，两化（工业化和信息化）融合迈上新台阶。重点行业单位工业增加值能耗、物耗及污染物排放达到世界先进水平。形成一批具有较强国际竞争力的跨国公司和产业集群，在全球产业分工和价值链中的地位明显提升。第二步，到2035年，我国制造业整体达到世界制造强国阵营中等水平。创新能力大幅提升，重点领域发展取得重大突破，整体竞争力明显增强，优势行业形成全球创新引领能力，全面实现工业化。第三步，新中国成立一百年时，制造业大国地位更加巩固，综合实力进入世界制造强国前列。制造业主要领域具有创新引领能力和明显竞争优势，建成全球领先的技术体系和产业体系。《中国制造2025》还提出了未来十年中国制造业发展的主要目标，具体见表2—1：

表 2—1 　　　　　　　　　　 2020 年和 2025 年制造业主要指标

类别	指标	2013 年	2015 年	2020 年	2025 年
创新能力	规模以上制造业研发经费内部支出占主营业务收入比重（%）	0.88	0.95	1.26	1.68
	规模以上制造业每亿元主营业务收入有效发明专利数[1]（件）	0.36	0.44	0.70	1.10
质量效益	制造业质量竞争力指数[2]	83.1	83.5	84.5	85.5
	制造业增加值率提高	—	—	比 2015 年提高 2 个百分点	比 2015 年提高 4 个百分点
	制造业全员劳动生产率增速（%）	—	—	7.5 左右（"十三五"期间年均增速）	6.5 左右（"十四五"期间年均增速）
两化融合	宽带普及率[3]（%）	37	50	70	82
	数字化研发设计工具普及率[4]（%）	52	58	72	84
	关键工序数控化率[5]（%）	27	33	50	64
绿色发展	规模以上单位工业增加值能耗下降幅度	—	—	比 2015 年下降 18%	比 2015 年下降 34%
	单位工业增加值二氧化碳排放量下降幅度	—	—	比 2015 年下降 22%	比 2015 年下降 40%
	单位工业增加值用水量下降幅度	—	—	比 2015 年下降 23%	比 2015 年下降 41%
	工业固体废物综合利用率（%）	62	65	73	79

1. 规模以上制造业每亿元主营业务收入有效发明专利数 = 规模以上制造企业有效发明专利数/规模以上制造企业主营业务收入。

2. 制造业质量竞争力指数是反映我国制造业质量整体水平的经济技术综合指标，由质量水平和发展能力两个方面共计 12 项具体指标计算得出。

3. 宽带普及率用固定宽带家庭普及率代表，固定宽带家庭普及率 = 固定宽带家庭用户数/家庭户数。

4. 数字化研发设计工具普及率 = 应用数字化研发设计工具的规模以上企业数量/规模以上企业总数量（相关数据来源于 3 万家样本企业，下同）。

5. 关键工序数控化率为规模以上工业企业关键工序数控化率的平均值。

备注：以上内容源自《中国制造 2025》。

　　《中国制造 2025》中关于"三步走"实现制造强国战略的目标，以及三个阶段要达成的战略目标，主要基于对中国制造业现状的基本认识、对世界制造强国制造业发展总体水平的研判、对中国制造强国发展进程的前瞻预测，集中体现了中国缩小与制造强国差距、实现自身制造强国战略的发展方向与途径。但是，对于未来十年制造业发展主要目标指标设定，有值得进一步讨论的空间。第一，关于指标的约束性方面。除绿色发展指标与宽带普及率作为约束性指标外，创新能力、质量效益与两化融合指标（宽带普及率除外）都应当是愿景式、指导式的指标，不适合作为五年或十年规划中必须达到或完成的指标。第二，部分指标的合理性有待商榷。规模以上制造业研发经费内部支出占主营业务收入比重反映的是制造企业研发投入情况而不是创新能力情况，规模以上制造业每亿元主营业务收入有效发明专利数也并不能很好地反映制造业创新能力的高低，尤其是在中国发明专利质量不高的情况下；而制造业增加率作为衡量制造业经济效益的指标亦存在诸多争议。第三，绿色发展指标作为约束性指标，应更为详细。当前，中国的生态环境承载已达极限，必须提出更为严格的约束指标体系，包括污水排放、重金属污染、废气和粉尘排放等诸多方面。

第三章

中国制造业发展现状
和存在的问题

30 多年来，制造业的快速发展不仅是中国经济的重要组成部分，而且为中国经济和社会总体发展起到重要的推动作用，其影响已经扩展到整个世界范围。为实现《中国制造 2025》提出制造强国的战略目标，必须认识到中国制造业所面临的现状，深入分析制造业发展中的问题。

一　中国制造业发展的基础与优势

（一）产业规模位居世界首位

自 20 世纪 90 年代迄今，不到 30 年的历程，中国制造业快速发展，规模不断扩大，实力不断增强，已取得世界第一制造业大国的地位，在规模、制造业产值、增加值，以及制造业出口占世界制造业比重均位居世界第一。从发展历史看，1990 年中国制造业占世界的比重为 2.7%，位居全球第九；2000 年增加到 6.0%，位居全球第四；到 2007 年增加到 13.2%，位列全球第二；2010 年增加到 19.8%，超越美国成为全球第一制造业大国（见图 3—1）。[①]

[①] 数据来源：《工信部解读中国制造 2025 之二：已成世界制造业第一大国》，新华网（ht-tp：//news.xinhuanet.com/fortune/2015 – 05/19/c_ 127818497.htm）。另据联合国网站发布的数据显示，中国制造业产值 2008 年达到 6.2 万亿美元，已经超过美国（5.7 万亿美元）。2011 年，中国制造业增加值达到 2.4 万亿美元，而美国只有 1.55 万亿美元，中国已超过美国 55%。

制造业的飞速发展不仅直接促进了中国的经济发展，而且提升了中国在国际分工中的地位。就规模而言，2014 年实现工业增加值达 22.8 万亿元，占 GDP 比重达 1/3。中国在 22 个工业产品大类中，有 7 个工业产品大类产品产量位居世界第一，500 多种主要工业产品中，近一半的工业产品产量位居世界第一，我国工业制成品出口位居全球第一。例如水泥产量多年位居世界第一，产能占全球产能的 60%，水泥生产成套设备占世界的 40%。

2014 年，"千亿俱乐部"中的中国企业达到 134 家，中国企业占据世界 500 强企业中的 1/5，中国制造业企业数量占据"财富世界 500 强"超过 1/10，位列全球第二。

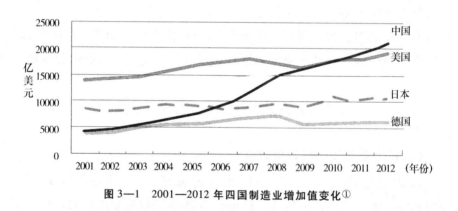

图 3—1 2001—2012 年四国制造业增加值变化①

（二）制造业结构调整不断取得进展

制造业成为我国转变经济发展方式、优化产业结构的主力军。一方面，我国制造业占整个国民经济的比重不断提高；另一方面，我国制造业内部结构不断得到调整和优化。据第三次全国经济普查数据，截至2013 年年底，我国规模以上的高技术制造业企业达到近 27000 家，占

① 数据来源：《工信部解读中国制造 2025 之二：已成世界制造业第一大国》，新华网（ht-tp：//news. xinhuanet. com/fortune/2015 - 05/19/c_ 127818497. htm）。

比达 7.8%，比第二次全国经济普查数据提高 1.3 个百分点。2014 年，
我国规模以上的高技术制造业实现增加值比上年增长 12.3%，利润增
长 15.5%，比 2013 年分别提高 4 个百分点和 12.1 个百分点。

制造业企业的技术进步和结构调整成效显著，得益于市场竞争和政
府政策。我国制造业企业通过采用新技术、新材料、新设备、新工艺和
新方法，不断提高制造业整体技术水平。一方面，制造业先进产能比重
不断提高。高速轨道交通、智能制造、海洋装备工程等高端装备制造业
产值占装备制造业比重达到 10%，我国高铁不断开拓国际市场，我国
新型干法水泥生产线占世界市场份额达到 2/5，海洋工程装备订单量占
世界市场份额近 1/3，国产品牌智能手机国内市场占有率超过 2/3；另
一方面，"去产能"即淘汰落后产能不断取得成效。2014 年，我国淘汰
落后产能超过年初规定目标，其中水泥 8100 万吨、炼钢 3110 万吨、平
板玻璃 3760 万重量箱。

（三）科技创新能力逐年增强

改革开放以来，中国制造业创造了令人瞩目的业绩。其中，千万亿
次超级计算机、百万吨乙烯成套装备、特高压输变电设备、风力发电设
备等装备产品技术水平已达世界先进水平，高速轨道交通、探月工程、
新支线飞机、载人深潜等技术取得重大进展，反映出我国制造业巨大的
创新成果和潜力。

制造业成为技术创新最为集中和活跃的领域。通过模仿创新、集成
创新、引进消化吸收再创新，我国制造业创新要素不断积聚，创新能力
不断提升，创新水平与发达国家差距不断缩小，正处于跟随式创新向引
领式创新的过渡阶段。

2013 年，我国规模以上高技术企业数、从业人数和主营业务收入
分别达到 26894 家、1293.7 万人和 116048.9 亿元，占规模以上制造业
的比重比 2008 年分别提高 1.3 个百分点、2.9 个百分点和 0.8 个百分

点。2014年，我国全社会R&D经费达到13105亿元，位居世界第三，是2008年的2.86倍，占GDP比重达2.09%。从以制造业为核心的工业企业的研发投入来看，2014年工业企业（规模以上）研发经费达到9254亿元，研发强度达到0.84%，比2008年增长0.23个百分点。2013年工业企业（规模以上）科技研发机构达到5.2万个，申请专利53万件，分别是2008年的1.87倍和3.4倍（见图3—2）。

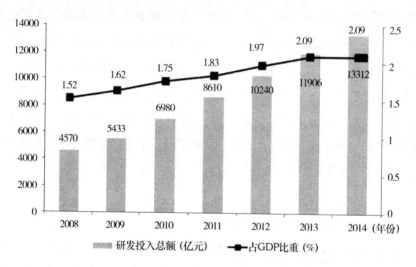

图3—2 2008—2014年全社会R&D经费支出总额及占比

数据来源：历年国民经济和社会发展统计公报。

（四）制造业体系相对完备

历经多年发展，我国已形成涵盖各类加工制造业和装备制造业的比较完备的制造业体系，既能够为社会提供各种必需的生活用品，满足居民和政府部门的物质生活消费需求，又能为国民经济各部门的简单再生产活动和扩大再生产活动提供技术装备。尽管难以通过直接的统计数据来描述中国制造业体系的完备性，但可以借助中国向美国出口制造业产品的种类数量及与其他制造业大国的比较，来进行间接的说明。根据美国国际贸易委员会（USITC）下属的交互式关税与贸易数据网（Interactive Tariff and Trade Dataweb）披露的按照美国海关关税明细表（Harmo-nized Tariff Schedule，HTS）分类到 10 分位的 2013 年各国出口到美国的商品种类和价值数据，除了第 1—8 章中的 1352 种非加工类农林产品，第 25—27 章中 276 种原矿产品，以及第 97 章中的 12 种艺术、收藏和古董类产品之外，当年美国进口的制成品达 15491 种。其中，中国向美国出口的制造业产品达 10376 种，比日本、德国、韩国、意大利、法国等发达国家分别多出 2533 种、3071 种、4667 种、4734 种、6310 种，比巴西、俄罗斯、印度、南非等"金砖国家"分别多出 5573 种、8732种、4983 种、6751 种（见图 3—3）。另外，在当年没有向美国出口的制造业产品中，还有许多是中国也可以生产的。例如，第 93 章中的 67种军工产品及其零部件，以及第 84 章中的核反应堆等产品。换言之，即便是以当前分类最细的美国海关关税明细表中的 10 分位产品分类来衡量，中国除了极少数产品不能生产之外，其他产品都能制造出来。尽管还无法定量比较中国与美国制造业体系的完备性，但基于上述数据，至少可以说，我国目前是世界上制造业体系最完备的国家之一。

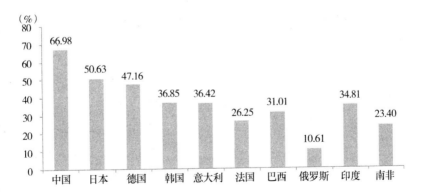

图 3—3　代表性国家对美国出口制成品种数占美国进口制成品总种数的比重

资料来源：美国国际贸易委员会（USITC）交互式关税与贸易数据网（Interactive Tar-iff and Trade Dataweb）。

可见，我国制造业已形成完整、独立、齐全的制造体系，拥有完备的产业配套优势。完善的产业配套优势有助于优化产品结构提升生产效率，一方面使制造业发展有其上下游辅助和需求市场配套，另一方面则使不同类型、不同要素密集度的加工、生产、组装等制造环节相辅相成并各自发挥其作用。另一方面使研发、设计、生产、加工、组装以及管理营销等制造业（及其服务业）不同环节相互连接、相互配合，协同发挥效用。中国制造未来要走向中国创造，必然要求"精细化制造"，就是要不断提高生产效率，提高技术水平和产品质量，而非长期以来我们一直依赖的低素质劳动力和不可持续的资源消耗。

（五）大部分制造业行业都具备全球竞争能力

得益于 30 多年持续的改革开放，通过扩大对外贸易、吸引对外投资和实施"走出去"战略，参与国际分工的程度不断加深，我国制造业已基本融入全球分工体系。

目前，我国大部分制造业产品都具备较强的全球竞争力。表 3—1 中采用联合国商品贸易统计数据库（UN Comtrade）数据，按《国际标准产业分类》（ISIC）分类，可以计算出的 2012 年全球 20 个主要制造业国家 12 个制造业行业的显示性比较优势（RCA）。根据表 3—1 报告的计算结果，可以得出以下判断：第一，我国大部分制造业行业在全球市场上的比较优势都很显著。除了由于数据缺失而无法计算的"其他制造业"之外，在其余 11 个制造业行业中，中国有 8 个行业的 RCA 值大于 1。其中，RCA 值最高的是纺织、服装及皮革制品业，其次是造纸、纸制品及印刷业。即使是 RCA 值小于 1 的 3 个行业，它们的 RCA 值也都大于"弱比较劣势"指数值 0.80 的临界水平。特别是化学品及化学制品、橡胶和塑料制品这两个行业的 RCA 值均为 0.99，非常接近于 1。也就是说，它们与国外领先对手的差距并不是十分明显。第二，与发达国家相比，我国不但在劳动密集型制造业行业具备竞争优势，而

表3—1　2012年全球20个主要制造业国家制造业行业的显示性比较优势

制造业行业	中国	发达国家											金砖国家				新兴经济体			
		美	日	德	法	英	荷	西	澳	加	意	韩	巴	俄	印	南	阿	土	墨	印尼
食品、饮料及烟草制品	0.85	1.02	0.63	0.93	1.05	1.03	1.19	1.08	1.24	1.07	0.95	0.72	1.53	0.97	1.03	1.23	1.99	1.05	1	1.07
纺织、服装及皮革制品	1.44	0.86	0.81	0.94	1.02	1	0.88	1.14	0.84	0.88	1.16	1.04	0.81	0.72	1.26	0.85	0.79	1.38	0.86	1.16
木材、草编及其制品	1.13	1.13	NA	1.11	1.01	0.9	1.02	1.1	0.93	1.21	1.15	0.75	1.36	1.2	0.95	0.89	1.01	1.09	0.78	1.27
造纸、纸制品及印刷	1.21	1.07	1	1.05	1	1.19	1.01	0.97	1.08	1.07	0.98	0.93	0.81	0.89	0.94	0.94	0.81	0.79	1.07	0.96
化学品及化学制品	0.99	1.06	0.9	1	0.98	0.95	1.19	1.01	0.95	0.85	0.95	1.12	0.85	1.24	1.03	0.86	0.84	0.84	0.98	—
橡胶和塑料制品	0.99	1.01	0.94	1.01	0.99	0.99	1.08	1.01	0.88	0.9	0.92	1.07	0.96	1.29	1.09	1.12	0.98	0.97	1.04	0.86
焦炭、精炼石油及其他非金属矿物制品	1.05	1.02	0.81	1.08	1.01	0.98	1.06	1.09	1.01	1.14	1.03	0.9	1.21	1.18	0.9	1	0.8	0.98	0.82	1.12
基本金属及金属制品	1.18	0.98	0.9	1	0.97	1.01	0.97	1.02	1.01	1.03	1.1	0.97	1.11	1.1	1.01	0.95	0.82	1.03	0.98	1.06
机械及电力设备	1.1	1.07	1.12	1.05	1.01	1.01	1	0.94	1.01	1	1.09	0.98	0.87	0.86	1.04	0.9	0.75	1.05	0.9	0.74
计算机、电子及光学产品	1.13	1.06	1.11	1.01	0.99	1	0.99	0.9	0.99	0.95	0.95	1.15	0.85	0.86	0.94	1.01	0.86	0.91	1.13	0.91
运输设备	1.16	0.99	1.06	1.03	1	0.98	0.96	0.97	0.95	0.95	1.01	1.13	0.91	0.87	0.93	0.9	0.89	1.01	1.14	0.94
其他制造业	—	0.92	1.01	0.94	0.98	0.96	0.89	0.94	1	0.98	0.9	1.03	0.96	1.1	0.95	1.1	1.13	0.94	1.02	0.82

资料来源：联合国商品贸易统计数据库（UN Comtrade）。

且在一些资本和技术密集型制造业行业也形成了比较明显的竞争优势。通常认为，我国的劳动力密集型产品在国际市场具有较强的竞争力。的确，与美国、日本、德国、法国、英国、荷兰、西班牙、澳大利亚、加拿大、意大利、韩国 11 个发达国家相比，我国的纺织、服装及皮革制品业等劳动力密集型制造业领先优势较大。但是，即使是在运输设备等资本和技术密集型制造业领域，我国产品也有突出表现。例如，我国运输设备制造业的 RCA 值比 11 个发达国家都要高；计算机、电子及光学产品制造业的 RCA 值仅次于韩国，高于其他 10 个发达国家；机械及电力设备制造业的 RCA 值仅次于日本，高于其他 10 个发达国家。第三，与其他金砖国家和主要新兴经济体相比，我国在资本和技术密集型制造业领域全面领先。巴西、俄罗斯、印度、南非、阿根廷等国家在食品、饮料及烟草制造等资源性制造业领域有上佳表现，但在运输设备、接卸及电力设备、计算机、电子及光学产品制造业领域，除了墨西哥之外，我国相较于其他 7 个国家处于全方位领先状态。

（六）产业基础设施相对完善

改革开放以来，经过持续多年的大规模基础设施建设，目前我国产业基础设施水平处在发展中国家前列，在部分领域甚至已超过一些发达国家，这为我国制造业发展提供了极大便利。一般而言，与制造业生产经营有关的基础设施，既包括电力等能源基础设施，又包括道路等物流基础设施。

就能源基础设施而言，在与制造业关联最紧密的电力基础设施领域，我国在发展中国家处于领先地位。截至 2014 年年底，我国发电装机容量达到 13.6 亿千瓦，连续两年位居世界首位。我国电网规模也已跃居世界首位，2014 年我国 220 千伏及以上输电线路长度达到 57.20 万千米，公用变电设备容量达到 30.27 亿千伏安。同时，全国联网稳步推进，电能质量和供电可靠性进一步提高。在风力发电、太阳能发电等可再生能源利用规模大幅扩张的背景下，全球能源开发利用正在向多元化、清洁化的方向发展，智能电网已成为支撑第三次工业革命的重要能源基础设施，是电网发展最前沿的领域。在这方面，我国处在与发达国家并肩前行的位置，与美国、德国、日本等发达国家处在第一阵营。

我国物流方面的硬件基础设施质量在发展中国家和新兴经济体国家中居首位。根据世界银行发布的数据，2014 年，在全球 159 个国家"与贸易和运输质量相关基础设施质量"排行榜中，我国排在第 23 位，是所有发展中国家和新兴经济体中排名最高的；而在反映海关通关效率、与贸易和运输质量相关基础设施的质量、安排价格具有竞争力的货运的难易度、物流服务的质量、追踪查询货物的能力以及货物在预定时间内到达收货人的频率等多个维度信息的物流综合绩效指数排行榜中，我国排在第 28 位（见表 3—2），发展中国家和新兴经济体中只有马来西亚的排名比我国高。

表 3—2　主要国家和地区的物流基础设施质量及物流综合绩效比较（2014 年）

国家或地区	基础设施质量		物流综合绩效		国家或地区	基础设施质量		物流综合绩效	
	得分	排名	得分	排名		得分	排名	得分	排名
德国	4.32	1	4.12	1	法国	3.98	13	3.85	13
新加坡	4.28	2	4.00	5	中国香港	3.97	14	3.83	15
荷兰	4.23	3	4.05	2	卢森堡	3.91	15	3.95	8
挪威	4.19	4	3.96	6	爱尔兰	3.84	16	3.87	11
美国	4.18	5	3.91	9	丹麦	3.82	17	3.78	17
英国	4.16	6	4.01	4	韩国	3.79	18	3.67	21
日本	4.16	7	3.91	10	意大利	3.78	19	3.69	20
比利时	4.10	8	4.04	3	西班牙	3.77	20	3.71	18
瑞典	4.09	9	3.96	6	阿联酋	3.70	21	3.54	27
加拿大	4.05	10	3.86	12	新西兰	3.67	22	3.64	23
瑞士	4.04	11	3.84	14	中国	3.67	23	3.53	28
澳大利亚	4.00	12	3.81	16	马来西亚	3.56	26	3.59	25

资料来源：世界银行 Logistics Performance Index 数据库。

（七）产业集群集聚发展水平较高

在知识溢出、伙伴网络、资助网络等因素的影响下，产业集群集聚现象会促进制造业企业的知识生产能力和知识转移能力的提高，从而为制造业发展提供良好的知识交流和技术创新环境。近年来，我国制造业产业一方面通过不断地企业兼并重组，优化了产业组织结构，例如2014年，我国汽车生产集中度（销量前10名企业总和占比）达90%，较2010年提高4个百分点；2013年水泥、平板玻璃和电解铝生产集中度分别达37.8%、53.5%和68%。另一方面，通过西部大开发和中部崛起等国家战略实施，实现产业有序转移，制造业产业布局得以优化。近年来，我国中西部地区规模以上工业增加值都呈现比东部地区更高的增长速度。

"十二五"以来，尽管随着产业转移进程的加快，我国制造业行业集聚趋势有所逆转，而且部分行业呈现出比较明显的扩散布局的趋势，但是分行业看，技术水平相对较低的行业处于低集聚状态，而技术水平较高的制造业行业的集聚程度则更高。表3—3报告的2012年我国20个主要制造业行业空间基尼系数显示出如下特点：（1）在行业空间基尼系数大于0.7的四个高集聚度行业中，电子与通信设备制造业、化学纤维制造业、仪器仪表制造业的技术水平都是比较高的；（2）在行业空间基尼系数大于0.6小于0.7的五个较高集聚度行业中，金属制品业、通用设备制造业、电气机械与器材制造业、造纸及纸制品业、专用设备制造业都是技术和资金门槛较高的行业；（3）在行业空间基尼系数大于0.5小于0.6的五个较低集聚度行业中，除了化学原料及化学品制造业之外，其他四个产业基本上都是资源性产业；（4）在行业空间基尼系数小于0.5的六个低集聚度行业中，除了医药制造业和交通运输设备制造业之外，基本上都是技术水平较低的行业。

表 3—3 　　　　　　　2012 年中国 20 个制造业行业空间基尼系数

行业集聚程度		行业名称	空间基尼系数
G≥0.7	高集聚度	电子及通信设备制造业	0.910
		化学纤维制造业	0.785
		仪器仪表制造业	0.752
		纺织服装业	0.741
0.7＞G≥0.6	较高集聚度	金属制品业	0.699
		通用设备制品业	0.685
		电气机械与器材制造业	0.683
		造纸及纸制品业	0.667
		专用设备制造业	0.628
0.6＞G≥0.5	较低集聚度	化学原料及化学品制造业	0.583
		黑色金属冶炼及压延加工业	0.563
		非金属矿物制品业	0.544
		有色金属冶炼及压延加工业	0.510
		烟草加工业	0.508
0.5＞G	低集聚度	饮料制造业	0.497
		食品加工业	0.496
		医药制造业	0.485
		交通运输设备制造业	0.483
		食品制造业	0.448
		石油化工及炼焦业	0.412

资料来源：《中国工业统计年鉴 2013》。

（八）庞大且快速增长的国内需求

尽管在全球产业分工不断深化、全球市场持续一体化的背景下，制造业行业是可以利用国际市场获得发展的，但是，美国、日本、德国等制造业大国的发展经验表明，对于大国的制造业特别是高技术制造业而言，稳定增长的国内市场是助推制造业发展的重要基础。我国工业化、城市化的规模和潜力巨大，也决定了我国国内市场在一个相当长的时期内将持续保持高速扩张，推动了我国经济的快速发展，也为我国制造业发展提供规模经济发展，即有利于企业（产业）降低成本、提升效率、增加利润，激励技术创新和增强企业（产业）活力和竞争力。

例如，在半导体产业发展初期，美国国内的需求就比世界其他国家的总需求都要高。以 1956 年为例，当年美国、日本、德国、英国、法国的半导体产品消费额分别是 8000 万美元、500 万美元、300 万美元、200 万美元、200 万美元。正是美国国内如此庞大的市场需求，为其半导体研发和产品改善提供了宝贵的"试验田"，从而为美国在此后的 ICT 技术革命及产业应用中领跑全球打下了坚实的基础。按世界银行发布的数据计算，2013 年，我国国内市场总需求为 90034 亿美元，相当于全球最大经济区欧盟当年总需求的 51.43%，是美国的 52.11%，日本的 1.77 倍，德国的 2.56 倍。"十三五"期间，即使我国 GDP 保持中高速增长，随着经济新常态下内需驱动力的进一步增强，我国国内市场规模仍将持续快速增长。同时，随着人均 GDP 水平的提高，我国国内需求结构将会不断升级，对高技术消费品和投资品的需求会持续增长。这将为我国制造业发展提供强大的本土市场优势。

二 中国制造业发展存在的问题和瓶颈

（一）缺乏"制造立国"的理念，制造业文化尚待培育

"中国制造"欲向"中国创造"迈进，固然有技术层面的障碍，但一个国家制造业发展最核心和最根本的是文化，必须贯通中西，结合中国制造业传统文化，同时吸纳西方制造文明精华，培育中国制造业文化。

我们目前十分缺乏"制造立国"的基本理念，主要原因在于：首先，社会对"工人"身份的不认可。由于工人在整个社会中身份低下，很少家庭愿意让自己的孩子把在制造业从业作为自己的人生理想，也就

难以培养出愿意投身制造业的大量合格的技能人才。其次，"短视"的社会风气。干什么赚钱、快赚钱、赚快钱已成为这个社会的标签。而制造业却需要长时间的专注和潜心研究，"脱实向虚"思维显然背离了制造业文化的基本要求。最后，"物美价廉"是难以持续的。社会普遍认为高质量应该和低成本相结合，但是抄袭模仿、山寨产品充斥的市场是难以培育出拥有核心技术、著名品牌和竞争力的制造业企业的。

在这一过程中，重塑中国制造的价值和精神显得尤为紧迫。精耕细作是制造业转型升级的另一个重点。制造业企业、产业的发展需要持之以恒，积累经验，需要精耕细作。特别需要倡导专注、认真、精致、持续等制造业文化。例如德国的制造文化具体包含"专注主义"、"精确主义"、"秩序主义"、"完美主义"、"标准主义"和"厚实精神"等。[1]日本制造业的高端品质则建立在"匠人文化"的基础之上，即能工巧匠成为推动企业技术进步的一支重要力量，通过代代相传的中小企业群将产业制造经验不断积累和完善。

制造业发展是制造业文化培育的土壤，而制造业文化是制造业发展的升华。我国作为新兴的制造业大国，应该汲取世界先进制造业文化，与中国优秀传统文化相结合，同时吸取西方"制造业转移—产业空心化—制造业回归"中的经验教训，避免我国制造业衰落和竞争力下降。

（二）处于全球价值链中低端

中国制造业参与全球价值链的程度越来越高，但主要是参与全球价值链中加工、组装等低端生产环节，处于全球价值链下游位置，并不断从全球价值链的低端部位向价值链的中高端部位攀升。我国制造业一般是集中从事某一个单一的生产环节，而缺乏相互连接的生产环节组合，

---

① 王直板：《"中国制造"须向"德国制造"学什么》，《中国经营报》2013 年 6 月 3 日。

且国内价值链的构建和发展相对薄弱。在四类技术类别制造业中，[①] 我国中低技术制造业在全球价值链中处于相对优势的地位，但高技术制造业并未实现真正意义上的高技术，其主要原因是以"后向方式"进入全球价值链，而美国则以"前向方式"进入全球价值链。[②] 由于我国制造业整体位于价值链低端，赢利能力低下，我国制造业增加值低于30%的世界水平，[③] 产量巨大，处于微笑曲线的中底部，赢利比例较低。而且由于极易陷入低端锁定，我国制造业有可能面临升级困难和陷入"跟随式的陷阱"。

我国制造业处于全球价值链中低端的根本原因是缺乏竞争力持续提升的基础能力。主要表现为：一是缺乏核心技术和关键技术；二是产业共性技术的供给存在"制度空洞"的问题；三是我国制造业传统竞争优势不断削弱的同时，新的竞争优势还没有确立。面对世界产业技术革命和全球价值链升级重组，以及发达国家"再工业化"和制造业回归，中国制造业加快转型升级势在必行。

（三）全要素生产率增速下降形势严峻

许多研究[④]表明，我国全要素增长率近年来呈现不断下降的趋势，据蔡昉（2016）等的测算，1995—2009 年间，我国全要素生产率为每

[①] 四类技术类别制造业包括：低技术制造业、中低技术制造业、中高技术制造业、高技术制造业。

[②] 尹伟华：《中国制造业参与全球价值链的程度与方式——基于世界投入产出表的分析》，《经济与管理研究》2015 年第 8 期。

[③] 赵昌文：《中国制造业是大国复兴的产业基础》，2015 年 5 月 20 日，新华网。

[④] 参见闫坤、刘陈杰《我国"新常态"时期合理经济增速测算》，《财贸经济》2015 年第 36 卷第 1 期，第 17—26 页；白重恩《中国投资率变化和全要素生产率存在负相关》，2014 年 12 月 2 日（http://bank.hexun.com/2014 - 12 - 02/171013151.html）；胡鞍钢、郑京海《中国全要素生产率为何明显下降（1995—2001）》，《中国经济时报》2004 年 3 月 26 日；赵志耘、杨朝峰《中国全要素生产率的测算与解释：1979—2009 年》，《财经问题研究》2011 年第 9 期，第 3—12 页；《蔡昉在第七届中国经济前瞻论坛的发言》，载张曙霞《四大要素导致我国全要素生产率下降》，2016 年 1 月 14 日（http://www.lwinst.com/index.php? m = content&c = index&a = show&catid = 30&id = 12740）；张荣楠《中国经济持续增长要靠全要素生产率提高》，《中国经营报》2015 年 12 月 28 日。

年 3.9%，2011—2015 年间，全要素生产率为每年 3.1%，预计 2016—2020 年间，即 "十三五" 期间，我国全要素生产率将下降到 2.7%。而据张茉楠（2015）研究表明，全要素增长率的贡献在 2013 年几乎为零，经济增长的主要动力实际上仅仅是资本投入。蔡昉（2016）指出，全要素生产率下降原因主要有劳动力转移速度、人力资本增速和改善速度减缓，高投资率以及创新过程的阻滞。

这对于以制造业为基础的中国经济而言，劳动力和人力资本优势的丧失，环境和资源成本提升，导致制造业各类生产要素呈现周期性的上升，工业制造业部门、企业利润不断下降。而最为根本的是，我国制造业技术水平尚未完成从跟随式创新到引领式创新的转变，原有的依赖技术引进的后发优势已所用殆尽，自主创新能力的培育又非朝夕之事，这样全要素生产率的下降就成为未来的一个发展趋势。

（四）部分行业产能过剩形势严峻

我国的经济增长长期依赖大规模的固定资产投资，2000 年以来，我国固定资产投资年均增长率均在 20% 以上，这样大规模的固定资产投资推动了经济的高速增长，也积累下来庞大的生产能力，由于并不是市场需求所引致，形成产能过剩就成为必然现象。这种现象不仅出现在水泥、钢铁、平板玻璃、电解铝等传统行业，而且部分风电、光伏等新能源发电设备和新能源电力行业也出现产能过剩，不仅导致企业经营困难，行业系统性风险增大，[①] 也阻碍了新能源行业的发展。有关资料显示，中国制造业平均产能利用率仅 60% 左右，低于全球制造业平均产能利用率 71.6%，远低于发达国家制造业平均产能利用率 78.9%。目

---

① 2015 年中央经济工作会议提出了认识、适应和引导经济新常态的要求，以及 "三去（去产能、去库存、去杠杆）、一降（降成本）、一补（补短板）" 的供给侧结构改革措施，其中排在第一位的就是化解过剩产能。而据工信部最新公布工业行业淘汰落后和过剩产能企业名单，钢铁、水泥、电解铝等行业一直重点提及，而光伏和风电被移出产能过剩行业。

前，我国的 24 个大行业中 22 个行业存在着严重产能过剩。2013 年，我国水泥、钢铁、电解铝产能利用率分别为 75%、74% 和 70%。① 制造业严重的产能过剩导致企业开工不足，效益下降，转型创新动力不足。

（五）企业自主创新能力不高，关键共性技术缺位

由于自主技术创新起步较晚、积累不足、投入偏低，我国在许多制造业领域，核心技术、关键设备和共性技术、重要原材料严重依赖进口。目前，我国对外技术依存度达到 50%，高于发达国家 30% 的水平，远高于美国和日本 5% 的水平，② 这是制约我国制造业向价值链高端攀升的重要瓶颈。我国企业自主创新能力不高具体表现在：一是我国研发投入强度明显低于创新型国家，而且研发机构分散封闭、交叉重复，阻碍科技创新活动。二是科技成果转化机制不畅、产学研用各环节脱节。核心技术缺失使我国每年支付高昂的专利费用，以我国近年来发展速度较快的工程机械制造业为例，目前我国已有三家企业进入全球工程机械制造业的前十位，但其用到的高端液压件、高端密封件、高端传动件大多依赖进口，这使得我国工程机械企业在爬全球价值链高端这个“坡”之前，必须先过核心技术、关键设备、重要原材料研发生产这个“坎”。三是新兴产业知识产权掌握和产业化能力不强。新兴制造业是全球产业竞争的战略要地，而技术能力的发展和掌控是促进新兴制造业发展最重要的基础。尽管经过多年积累，我国专利产出数量快速增长，但与发达国家相比，我国在新兴产业知识产权掌握和产业化能力方面仍然存在较大差距。

以混合动力电动汽车为例，2001—2010 年有关混合动力电动汽车

---

① 截至 2015 年 7 月，水泥、粗钢、电解铝、平板玻璃和造船业的设备利用率更低，分别达到 73%、72%、72%、68% 和 50%。从 2012 年 3 月起至 2015 年 11 月，我国 PPI 已经连续 45 个月为负。数据引自国家统计局网站。

② 《我国核心关键技术对外依存度高达 50%》，《经济参考报》2015 年 12 月 22 日。

的申请专利中，美国、日本、韩国、德国和中国有突出表现，而日本更为出色，日本公司参与创造了 69% 的专利，其专利公开量占到近七成。而我国的专利公开量尽管增速很快，但占全球的比重还不及二成，仅为日本的 1/5（见表 3—4）。如果剔除日本和美国等国的汽车企业在中国境内申请公开的混合动力电动技术专利，2001—2010 年我国本土汽车企业在混合动力电动汽车技术创新活动中，只有比亚迪和奇瑞参与了 59 件和 31 件专利，分别排在全球第 51 位、第 83 位。这也在一定程度上反映了我国企业在混合动力电动汽车技术创新上还刚起步，可以说仍处于科学技术探索阶段，距离新技术产业化和商业化还有很长的一段路要走。

表 3—4 　　　　　2001—2010 年全球混合动力电动汽车专利分布

国家	专利数量	占比	专利公开量的变化	参与份额的变化
日本	14320	69%	214%	- 10%
美国	6600	32%	209%	- 5%
中国	3342	16%	686%	10%
韩国	2947	14%	200%	- 2%
德国	2248	11%	455%	4%

注：由于存在同族专利，各国的占比之和大于 100%。

资料来源：Derwent Innovation Index 专利数据库。

（六）向高端智能迈进的转型升级动力不足

首先，国内需求还未开始大规模释放。有关调查显示，[①] 有 82% 的企业表示尚不清楚或没有智能装备引进需要，由此可见，相较于智能设备制造企业的热情，企业应用意识与规划相对缺失，国内市场需求释放尚需时日。我国现阶段制造业主要还停留在中低端水平，高端的智能装

---

① 德勤 2013 年中国智能制造与应用企业调查。

备所能运用空间不足。而以智能设备替代人工，需要较为可观的固定资产投资，面对市场需求前景不明、人工成本尚低廉情况，企业无疑会踌躇不前，即使了解高端的智能装备的诸多优势，仍会处于观望等待状态。

其次，我国制造业创业活力明显不足。作为科技成果商业化的方式，创业活动是连接技术创新和产业化实践的桥梁，在制造业发展中发挥着十分重要的作用。一般而言，创业活动越活跃的领域，其竞争力的提升也会越快。近年来，随着实体经济发展环境的恶化，与其他行业相比，我国制造业创业活力明显不足。可以通过计算我国小型工业企业单位数的增长状况来间接衡量制造业创业活力。根据国家统计局发布的数据，2013 年我国小型工业企业单位数为 289318 个，比 2004 年增长了 16.29%，而同期工业企业单位数增长了 27.52%，住宿和餐饮业法人企业数增幅更是高达 134.11%。创业邦网站发布的《2014 年度创业者报告》显示，在创业者最看好的 14 个领域中，属于制造业行业的仅有新能源和智能硬件两个领域，而且分别排在第 5 位和第 11 位。① 这也从一个侧面印证了制造业创业活力不足的判断。

（七）企业负债率高，金融压力大

"贷款难贷款贵"是多年困扰制造企业，尤其是中小企业的老大难问题。摩根士丹利的研究报告显示，截至 2014 年，中国的负债率已经达到 224%，企业负债也达到 178%。高杠杆的成因则包含股市融资功能的缺失、应对 2008 年金融危机的经济刺激政策，还有城镇化转型、高储蓄率等。从 2007 年到现在，负债率明显上升的主要行业，集中在产能过剩的传统制造业、采矿、房地产以及批发和零售贸易等行业。而与高杠杆相对应的是，最近几年投资效率出现明显下滑，从这个意义上

---

① 数据取自创业邦网站（http: //www.cyzone.cn/a/20141218/267225.html）。

来说，高杠杆和产能过剩是一个问题的两个方面，投入产出效率自 2007 年降了一半多。调查报告显示，[1] 中小型企业银行贷款比例低于大中型企业，融资成本高，年收入大于 50 亿元的企业，其智能化升级资金中银行贷款达 25%。而收入小于 5 亿元的企业中，银行贷款仅有 11%。据德勤与企业管理者的一份访谈，中小型企业管理者普遍反映，由于无法得到大型国有商业银行的支持，企业一般只能从小型城市商业银行或者农村信用社贷款，而且贷款成本明显高于大型企业，部分访谈者表示，企业的贷款年化利率接近 10%。这一点从中小企业私募债的平均利率可以得到印证，自 2012 年 6 月中小企业私募债发行以来，目前平均的年利率为 8.77750%，基本接近 10%。

根据中国工业与信息化部的定义，营业收入 4 亿元以下的企业为中小微型企业，以机床行业为例，据《中国机床工具工业年鉴 2012》统计，中国机床行业年均销售额在 1 亿元左右的企业在全行业的占比高达 95%。中国机床行业 2011 年的行业平均利润率为 6.40%，2012 年为 5.8%。一边是接近 10% 的融资成本，一边是只有 6% 左右的利润率，对于一个年销售额 1 亿元左右的机床工具企业来说，数千万元的智能化升级项目如果采用贷款方式，其产生的利息则可能完全吞噬企业全年的利润。[2]

（八）生产性服务业发展滞后

目前，我国服务业的比重超过了制造业，但服务业生产率的整体水平低于制造业，尤其是生产性服务业发展相对于工业制造业发展滞后、竞争力不强、与需求脱节、结构不合理等问题突出，研发、物流、金融、信息服务、会计统计、律师服务等领域仍有很大的发展空间和

---

[1] 德勤 2013 年中国智能制造与应用企业调查。
[2] 德勤制造业行业报告：《从"中国制造"到"中国智造"》，2014 年 10 月。

潜力。

生产性服务业发展滞后的主要原因是技术创新与产业化公共服务体系不完善。从美国、日本、德国等工业强国以及韩国、新加坡、中国台湾地区等新兴经济体高技术产业发展历程看，是否拥有一个完善的技术创新服务体系决定了高新产业技术创新的发展速度与质量。目前，我国的技术创新与产业化公共服务体系还不完善，主要表现在以下几个方面：第一，与技术创新有关的公共服务系统建设上，集聚科技资源的能力强而共享能力弱。跨部门、行业、企业技术创新信息交互和互相支撑不够，十分缺乏共性技术、大型试验设备场所等服务平台建设，共性技术信息不公开、不共享、不交流的现象比较突出，难以对各类主体的技术研发、转移转化、创新创业等的迫切需要做到及时响应。第二，在技术创新服务系统方面，虽然服务机构不少，但是共性技术服务功能缺位，缺乏系统完整的制度体系、供给机制，使科技创新系统的功能难以完全发挥，科技成果转化受阻。第三，数量众多的各类企业孵化器功能缺失。一方面，仅仅提供租房、注册、法律、会计等低端商务服务，技术的产品化、市场化孵化功能严重不足。另一方面，产业孵化机制缺失。在企业发展壮大和进行各类创新过程中离不开社会力量的支撑，只有将企业自我奋斗和整个社会提供产业孵化机制充分结合，如可以提供包括拓展市场、升级营销、投融资决策等服务项目，才能对企业产品创新、规模扩张，产品链、技术链和价值链的延伸提供全方位的支撑。

（九）体制机制束缚问题突出

随着我国全面深化改革进入攻坚新阶段，我国制造业发展的国内外环境正在发生广泛而深刻的变化，面临一系列突出矛盾和挑战，前进道路上还有不少困难和问题，主要表现为制造业大而不强、发展方式粗放、产业布局不合理、核心技术缺乏、企业国际竞争力不强、部分行业产能严重过剩、"两化融合"对经济发展方式转变的支撑作用尚未充分发挥等。如汽车、工程机械等装备制造业由于产能过剩而导致的行业竞争加剧的现象一直非常突出，已经严重影响了整个中国机械装备制造业健康和正常的市场秩序。这种外延式扩张，在消耗掉大量资源的同时忽略了内涵发展，缺乏核心竞争力的状况没有得到改变，行业内普遍呈现出"肌无力"的病状，而技术"空心化"的局面依然如故。导致这些问题的原因很多，但深层次原因还是存在束缚制造业发展的诸多体制机制方面的问题，例如土地、资源和能源等生产要素价格改革多年没有进展，金融业发展滞后且缺乏风险控制和监管，导致服务实体经济功能难以充分发挥，国有企业，尤其是垄断行业国企改革进展缓慢，极大束缚了广大中小型企业，尤其是民营企业和资本的创新创业热情的发挥。

（十）制造业人才不能满足需求

我国制造业要顺利实现转型升级不但需要技术水平的提升，而且还需要制造业从业人员素质的提升，尤其是需要大量能够适应不断变化的工艺生产过程的技能型产业工人，以及大量能够在生产加工第一线提出工艺技术问题并与专业人员共同解决问题的知识型产业工人。虽然我国近年来大力加强职业技术教育，但与制造业转型升级的要求相比，技能型和知识型工人的缺口还很大。中国装备制造业十分缺乏高水平的技术开发、高级技工、现代型技工、复合型技工和系统培养体系，尤其缺乏行业领军人才和市场营运、投融资管理等人才。

目前，我国制造业劳动力平均受教育年限还比较低，由图3—4可知，我国主要制造业行业从业人员平均受教育年限均不到12年。也就是说，剔除制造业行业中接受大学教育的这部分专业人员，制造业工人中只有很少一部分人在接受完9年义务教育之后，继续接受了完整的职业技术教育。显然，目前制造业从业人员这样的受教育水平是很难支撑转型升级的。但是，另一方面，根据李钢（2014）的推算，在中等出生率情景下，如果各阶段入学率和升学率保持在2010年的水平不变，到 2015 年我国 15—60 岁劳动者平均受教育年限为 9.88 年，2020 年为 10.33 年，分别比 2010 年提高 0.37 年和 0.82 年。[①] 尽管无法直接比较中美两国制造业从业人员的平均受教育年限，但在 2008 年美国 25 岁及以上劳动者中受过高中以上教育的比例为 86.6%，大学毕业的劳动者占比为 28.7%，[②] 之间的差距显而易见。因此，"十三五" 期间，我国制造业发展面临技能型和知识型产业工人严重不足的障碍。

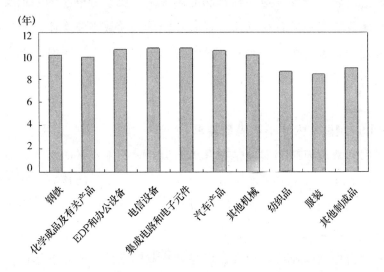

图 3—4 我国主要制造业行业从业人员平均受教育年限

资料来源：李钢：《劳动力素质对中国产业升级的影响》，中国社会科学工业经济研究所研究报告，2014 年，第 269 页，表 4—24。

[①] 李钢：《劳动力素质对中国产业升级的影响》，中国社会科学工业经济研究所研究报告，2014 年。

[②] 数据取自 U. S. Census Bureau。

第四章

全球制造业发展的总体趋势
与财税政策支持

一 全球制造业的总体发展趋势

（一）全球制造业产值占 GDP 比重呈现两极分化

随着全球化发展进程不断深入，制造业在全球中的格局分布和资源配置发生了深刻的变化。贸易自由化不断推进，关税总水平不断降低，贸易规模不断扩大，发达国家制造业的发展重心普遍集中在高新技术研发和高产值产品制造上，将低产值产业转移至发展中国家，发展中国家则成为全球"制造大工厂"，致使全球制造业呈现两极分化的发展态势。21 世纪以来，全球制造业产值占 GDP 比重两极分化明显，发达国家制造业产值占 GDP 比重呈稳中下降趋势，占全球制造业总产值比重也呈下降趋势；而发展中国家的制造业产值在全球中的占比不断上升，部分国家制造业产值占本国 GDP 比重仍保持上升趋势。除德国以外，英国、美国、日本等老牌资本主义国家制造业增加值占本国 GDP 比重[①]均有所下降，而巴西、印度等国家制造业增加值占本国 GDP 比重仍在

---

① 制造业增加值数据统计标准采用的 OECD Database "B1GC_ E：Industry，including energy（ISIC rev3）"、" B1GD：of which：Manufacturing（ISIC rev3）"。

上升（详见表4—1）。2008年经济危机之后，"金砖五国"在全球经济
增长中的作用愈加突出，更多的还是依靠制造业产值支撑经济在危机中
的高速发展。

表4—1　　　　　　　制造业增加值占本国 GDP 比重（单位:%）

年份	2000	2001	2002	2003	2004	2005	2006	2007	2008	2009	2010	2011	2012	2013	2014
美国	14.68	13.48	12.97	12.86	12.76	12.59	12.60	12.39	11.88	11.44	11.71	11.77	11.83	11.59	—
英国	13.95	12.99	12.21	11.44	10.86	10.59	10.13	9.60	9.61	9.19	9.27	9.20	9.18	9.59	9.46
澳大利亚	11.21	10.75	11.13	11.12	10.53	10.00	9.51	9.38	8.70	8.62	—	—	—	—	—
德国	20.73	20.51	19.98	20.06	20.28	20.31	20.93	21.09	20.25	17.88	19.97	20.57	20.46	20.30	20.36
日本	20.73	20.51	19.98	20.06	20.28	20.31	20.93	21.09	20.25	17.88	19.97	20.57	20.46	20.30	20.36
俄罗斯	—	—	15.11	14.37	15.22	15.68	15.29	15.11	14.93	12.90	12.82	13.28	12.67	12.98	13.35
中国	40.35	39.74	39.42	40.45	40.79	41.76	42.21	41.58	41.48	39.67	—	—	—	—	—
巴西	12.99	12.90	12.30	14.48	15.18	14.80	14.16	14.15	14.02	13.13	12.72	11.79	—	—	—
印度	14.30	14.58	15.21	15.09	15.03	14.21	—	—	—	—	—	—	—	—	—

资料来源：OECD Database，https：//data.oecd.org/.

（二）全球进入以服务型制造业为特征的后工业化时代

制造业全球竞争愈加激烈，利润水平不断降低，各国逐步迈入以服
务型制造业为特征的后工业化时代。"后工业化社会"这一概念由美国
经济学家丹尼尔·贝尔提出，这一发展阶段中经济结构呈现出从商品生
产经济向服务型经济转变，专业和技术人员在后工业社会占主导地位，
理论知识成为后工业社会的中轴。科学技术进步和经济全球化使全球制
造业竞争愈加激烈，争相提高劳动生产率的背景下制造业平均利润水平
在不断拉低。与此同时，全球制造业产品设计中心与制造中心分离，由
一方专门进行方案设计、技术研发、技术服务，低利润水平的批量生产
制造则交由其他企业，产品制造的大部分利润都集中在产业链前端。为
了在全球竞争中获取更高利润水平，企业纷纷将业务重心集中在提供技

术研发支持、解决方案设计、设备租赁维护等方面，逐步向服务型制造业方向发展。

（三）新兴产业成为制造业投资新宠

新能源、新材料、高新技术产业成为全球各国制造业新的利润增长点，制造业向信息化、智能化、绿色化发展。一方面，随着全球经济发展，传统生产制造与生态环境之间的矛盾日益突出，资源日渐匮乏成为可持续发展的一大难题，环境污染问题导致制造业生产成本不断提高。为进一步提高制造业劳动生产率，新能源、新材料发展成为制造业新的开发领域和利润增长点，通过低能耗、低污染、高利用率提升产品在全球市场的竞争力。另一方面，随着信息革命的不断深化，制造业产品也日趋高智能化、信息化、网络化，数据处理水平、电子智能化水平、制造精度不断提升，逐步向高精尖方向发展。清洁能源、信息通信、生物科技、纳米技术、航天技术等产业领域成为全球各国研究开发和政策倾斜的重点。

（四）制造企业组织结构向扁平化管理发展

在组织结构方面，内部组织扁平化和资源配置全球化已成为制造业培育竞争优势的新途径。① 传统的工业化普遍以层级结构的思维管理企业，强调业务"大而全"和分明的组织等级，这已很难适应多样化的市场和产品的需求。在开放、协作与分享的互联网思维的影响下，国际上企业普遍减少内部层级结构，通过组织扁平化进一步细化业务，加强管理。扁平化管理的组织结构，一方面可以提高对全球市场的适应能力，对市场变化迅速做出反应，另一方面可以加强不同国家不同主体之

---

① 王政：《深入实施制造强国战略加快发展现代互联网产业体系——力促制造业由大变强》，载《"展望十三五"系列报告会》报告，《人民日报》2016年4月19日。

间的交流，共同形成相互协作、相互依存的利益共同体。

二 典型国家的工业革命及制造业
发展的产业政策

(一) 德国

1. 历史沿革与现状

德国的产业革命始于 19 世纪 20 年代，但由于国家尚未统一，工业化进程缓慢：在 19 世纪初期，德国总人口的五分之四都是农业人口，工业产出占世界工业产出的比例为 13%，大大低于同期保持第一的英国（占比 32%），也低于同期的美国（占比 23%）。

第二次工业革命时，德国发挥后发优势，利用已有的技术，制造出更先进的蒸汽机及其他产品，其后德国制造业蓬勃发展，到 1906 年时，德国工业产值占世界工业的比重达到 16%，仅次于美国。

第二次世界大战以后，具有制造业基础的德国由于较低的劳动力成本，承接从美国转出的制造业企业，同时德国在传统的化工化学、机械制造和电力电气等行业通过持续的技术进步依然保持全球竞争中的优势地位。到 20 世纪 70 年代前，德国一直是欧洲主要的工业强国，产业重心是以轻工产品为主的各类工业制成品；20 世纪 70 年代之后，德国劳动力价格上升，劳动密集型产业开始向外转移，第三产业逐渐取代第二产业的优势地位。德国政府也采取了相应的产业政策，对制造业过快下降进行了干预，调整了制造业的产业结构，并取得了明显的成效。

东、西两德统一后，德国制造业的发展可分为三个阶段（如图 4—1 所示）：

第一阶段为快速下降阶段（1991—1996 年），这段时期，由于去工业化倾向、统一后原东德地区制造业大幅萎缩等多重因素（如），德国

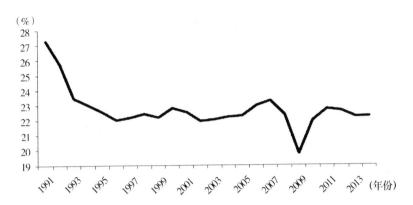

图4—1　两德统一后德国制造业增加值占国内生产总值比重的变化趋势

制造业比重由 30.2% 下降至 24.8%；第二阶段为恢复阶段（1997—2008 年），德国政府逐渐重视制造业，并提出资金支持等具体政策提高制造业水平、促进制造业现代化，如德国政府 1995 年提出的"2000 年生产计划"，这段时期德国制造业有所恢复，占 GDP 比重在 25% 上下企稳；第三阶段为"欧债危机"阶段（2009—2013 年），2009 年制造业产值大幅下滑，随后在政策引导下有所恢复，但制造业产值比重依然未回升至 2007 年的水平。

进一步比较制造业增加值和国内生产总值（如图 4—2 所示），可以看出，20 世纪 90 年代中期以前，德国制造业处于衰落状态，不仅占经济比重降低，其绝对产值也在减少。但是 2005 年之后，制造业发展态势良好，增长速度超越国内经济增速。随着 2009 年欧债危机的爆发，德国制造业的发展再一次进入低谷。

2011 年 4 月德国在汉诺威工业博览会提出德国工业 4.0 这一概念，德国工业 4.0 工作组于 2013 年 4 月发表名为"保障德国制造业的未来：关于实施工业 4.0 战略的建议"的报告，2013 年 12 月 19 日，德国电气电子和信息技术协会将其进一步细化为工业 4.0 标准化路线图。目前工业 4.0 已经上升为德国的国家战略，随着德国工业 4.0 的实施，德国制

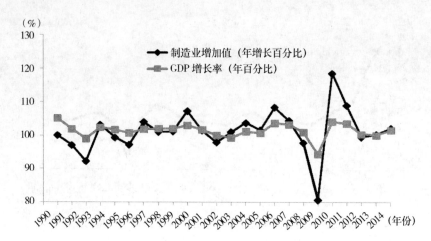

图 4—2　两德统一后德国制造业增加值与国内生产总值的变化趋势

资料来源：世界银行数据库（www. worldbank. org），2015。

造业高端化、智能化和集成化的趋势日渐明显。

2. 工业革命及制造业发展的产业政策

（1）重视技术进步推动产业升级的作用，扶持和鼓励技术创新

高校、科研机构以及企业这三部分构成了德国的主要研发体系。德国高校主要从事基础理论研究，同时承接企业的委托研发任务。以四大学会马克思—普朗克学会（MPG）、弗朗霍夫协会（FhG）、赫尔曼—冯—赫姆霍兹联合会（HGF）和莱布尼茨学会（WGL）为代表的专业科研机构则在基础理论与应用技术研究方面都起到了重要作用，政府资助为这些科研机构主要资金来源。

德国同时大力发展自己有优势的技术密集型行业，政府投入了 GDP 的 2.5% 来进行机械制造业、汽车工业、石油化工、医疗产品行业和电气工业等方面的研发。[①] 除了直接投资支持创新外，德国政府同时通过研发资助、知识产权制度、专利保护、税负减免等多种方式间接为企业创新

---

① 史世伟：《德国国家创新体系与德国制造业的竞争优势》，《德国研究》2009 年第 1 期，第 5—9 页。

提供支持，鼓励企业投入研发。目前，企业和私人已经是德国研发的主力军，其每年投入的研发费用占到了德国研发经费总额的66%。企业在技术密集型产品中平均投入的研发费用占到产品成本的3.5%—8.5%。[①]

（2）完善市场经济体制，重视中小企业的发展

德国认为公平竞争的市场环境在推动产业和经济发展过程中起决定性作用，而政府的主要责任是维护市场秩序。因此，德国政府先后制定并完善了《反垄断法》、《反对限制竞争法》（也称《反卡特尔法》）、《反对不正当竞争法》、《关于提高中小企业的新行动纲领》、《中小企业组织原则》，为企业界做出了有关市场竞争的原则性规定与具体行为规范：防止大企业间的合并，明确反对垄断，以保证市场竞争性，维护中小企业平等竞争的市场地位和发展权益。

完全竞争市场的主体就是众多中小企业，因此德国非常重视中小企业的发展壮大。根据欧委会定义，中小型企业为总资产小于4300万欧元或员工少于250人、年销售收入小于5000万欧元的企业。数据显示，德国99.7%的企业为中小企业，创造了2500万个就业岗位，净产值占全国经济总量将近一半，说是德国经济的支柱也不为过。

德国中小企业发展的成功离不开德国政府对中小企业的特别支持。德国政府将发展中小企业提升到国家战略高度，除了联邦财政预算资金的相当一部分直接用于资助中小企业发展的项目之外，还采取了一系列行之有效的措施来为中小企业发展营造公平完善的市场环境，如健全相应的法律制度、设立专门的政府机构、完善中介机构、对中小企业的创新研发给予税收减免的优惠等。

（3）政策引导积极但有限度，对某些行业或地区适度倾斜

第二次世界大战后，德国政府对运输行业、煤炭业和钢铁业等基础

[①] 史世伟：《德国国家创新体系与德国制造业的竞争优势》，《德国研究》2009年第1期，第5—9页。

工业给予补贴，以较快地恢复工业生产。这些行业尽管利润率水平低，却是德国工业的重要基础，为其他支柱型制造业的发展提供了基本的条件，因此一直到现在，德国政府也没有取消这些补贴，反而随着这些行业企业的竞争力持续下降，不断提高补贴水平。除此之外，德国政府还为潜在优势行业的企业提供补贴。例如，20 世纪 60 年代起，德国政府对造船业进行生产成本补贴和银行贷款利息补贴，1982 年造船业得到的补贴已达 1750 万马克。德国政府还对航天航空企业在技术研发上给予资助，1978 年资助了 5.93 亿马克，1981 年补贴达到 6.87 亿马克。[①]而对于已经确立了优势的行业，如化学工业、汽车制造业、机械制造业和电气电子行业等，德国政府会运用税收优惠政策来保证这些行业的发展速度，以此继续保持其在国际竞争中的优势。

针对不同地区的情况，德国长期实施包括区域财政平衡制度和对特定地区的财政补贴制度的区域财政转移支付制度，以解决部分问题地区的技术资金等问题。

（4）重视产品质量，打造"德国制造"品牌

市场营销专家西蒙·安霍尔特的调查结果显示，"德国制造"这一品牌的市场价值高达 45820 亿美元，甚至超过了德国 2012 全年的 GDP 初值（33983 亿美元）。这从侧面说明了"德国制造"在质量技术和品质上的显著优势。

1952 年德国成立了最大和最有影响力的质量管理机构——德国质量协会，这是一个非营利性的独立社会组织，覆盖了德国的大部分企业。组织职能主要有以下三个方面：一是进行质量管理方面的宣传，提高企业对相关问题的认识；二是组织和推广质量管理体系，评审"德国质量奖"，推广科学化的质量管理；三是为企业人员提供质量管理培训并颁发

---

① 韩永文：《德国的产业结构变化、支柱产业和产业政策》，《经济改革与发展》1995 年第 11 期，第 66、70 页。

相关方面的资格证书。德国人不仅在传统上重视质量，还不断吸收先进的质量管理思想，使其质量管理方式与时俱进。当前，绝大多数德国企业都采用全面先进质量管理系统，进行 ISO9000 国际标准认证。

（5）重视教育体制对制造业发展的支撑作用，建立"双轨制"职业培训制度

德国非常重视教育体制对产业发展的支撑作用。长期以来，德国公立学校学费实行全免政策。早在 2006 年德国联邦政府预算中，有一项名为"精英大学"的专项基金，金额高达 1 亿欧元，用于资助精英大学的建设工作。此外，德国也十分重视专业技术人才培养，并颁布了专门的《职业技术培训法》，规定企业有义务为青年员工提供技术培训，员工也必须参加相关培训。此外，德国还有着独特的由学校和企业联合开展职业教育的"双轨制"职业培训制度，该制度为德国制造业培养出大量高素质的产业工人。事实上，德国制造能在全球制造业的激烈竞争中长盛不衰的重要原因之一，正是这种教育体制为德国培养出了一大批训练有素的专业技工。

（二）美国

1. 历史沿革与现状

美国曾一度是全球制造业最强的国家之一，美国制造业在国际市场中具有不可替代的重要地位。美国独立之后的 200 多年中，制造业发展经历了辉煌与衰退的起起落落，主要可划分为以下三个阶段。

第一阶段：19 世纪中期—20 世纪 80 年代。美国制造业发展的黄金时期起始于 19 世纪中期的第二次工业革命，技术进步推动其工业化水平飞速提升，赶超了英国、德国等国家。第二次世界大战中美国不是主要战场，受到的损失最小，大量的军火开支和外贸出口促进了制造业的繁荣，战后美国一举成为世界制造业最强的国家，雄踞全球之首。

第二阶段：20 世纪 80 年代—20 世纪 90 年代。第二次世界大战后，欧

洲、日本制造业在美国的扶植下迅速恢复和发展，美国制造业在国际市场中的竞争压力不断加大，国内市场也受到欧、日国家的侵蚀，美国制造业出现了相对衰落。1971 年，美国长期以来的对外贸易顺差首次出现逆转，出现了对外贸易逆差。在激烈的国际竞争中，美国制造业的两大支柱产业——汽车与钢铁产业严重受挫，国内产量和国际销量急剧下降，半导体、光电、民用飞机等高新技术产业也面临丧失国际优势的压力。在这一阶段，美国制造业在全球的主导地位严重动摇，相对步入"夕阳产业"的行列。

第三阶段：20 世纪 90 年代至今。第三次产业革命之后，尤其是 20 世纪 90 年代信息化革命一度促进了美国制造业发展和经济增长。一方面，商业化互联网的爆发式推广和增长极大促进了相关制造产业的发展。各个制造业部门逐步实现了信息化、网络化，大幅降低了生产成本和交易成本，在全球中的竞争力有所回升。1990 年美国半导体设备制造商重新抢占国际市场占有率优势，达到 54%。另一方面，信息化革命还带来了美国制造业发展的不平衡，金融、保险等现代服务业发展过快，制造业等实体经济发展滞后，经济过度"虚拟化"；传统制造业发展速度远远落后于高新技术产业，汽车、钢铁产业仍处于发展困境当中。

从数据来看，美国制造业增加值占 GDP 比重自 1947 年上升至 1953 年的 28.3% 之后，便一直保持下降的趋势，2014 年下降至 12.1%，近 70 年的时间里下降了 16.2 个百分点。美国产业结构基本符合一般发展趋势，相比制造业，服务业增加值占 GDP 比重持续上升，至 2014 年已高达 63.4%（如图 4—3 所示）。因此在这一发展趋势下，美国提出了重振制造业的口号和战略计划。

事实上，美国制造业虽然经历了相对的衰退，但基础仍然坚实。当前，美国劳动生产率水平相当于中国的 5 倍，是德国、日本的 1.6 倍，仍处于世界先进水平。2012 年 3 月美国智库威尔逊中心发布《全球先进制造业趋势报告》，报告显示美国在先进材料、合成生物等先进制造业领域在全球市场具有显著竞争力。美国的研发投资规模在全球仍居前

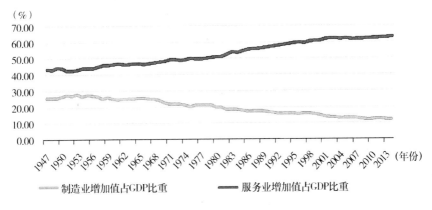

图 4—3　美国产业增加值占 GDP 比重

资料来源：OECD Database, https：//data. oecd. org/.

列，其中研发投资总额的四分之三基本投向了制造业，如航天、医药、军工等领域。

2. 工业革命及制造业发展的产业政策

（1）美国“重振制造业”战略

奥巴马政府非常重视制造业发展，在初上任时便提出了“重振制造业”（Revitalizing Manufacturing）的口号。并于 2009 年 12 月奥巴马颁布了《美国重振制造业框架》文件，该框架计划详细分析了美国重振制造业的理论依据及优势与挑战，并提出七个方面的政策改革建议，以提高美国制造业的吸引力和竞争力。2010 年 8 月美国《2010 制造业促进法案》审议通过，这一法案与 2010 年 7 月通过的一系列法案构成了完整的重振制造业法律制度体系。2011 年 2 月美国进一步发布《美国创新战略：保护我们的经济增长和繁荣》计划，把清洁能源、先进制造业、生物技术等领域置于美国创新金字塔的顶层，作为美国国家优先突破的领域。同年 6 月，美国启动“先进制造伙伴”计划，构筑官、产、研、学合作机制整合产业、大学和联邦政府资源；同时在行政方面，发起“选择美国倡议”，鼓励海外资本在美投资，以创造就业、拉动经济增长。2012 年

2月，美国国会审议通过了"建设更强大经济计划"，计划制定实施一系列企业税改革，促进美国国内投资，并成立白宫制造业政策办公室来协调相关政策的制定和实施。美国重振制造业的重点领域主要包括：航空工业、生物工程、空间技术、纳米技术、节能环保、智能电网、钢铁、汽车等行业。美国坚持调整结构、强化优势、促进就业、保持领先的重振制造业战略目标，力争在重振制造业的过程中能够体现创造性、本地性和低成本三大特点。美国重振制造业的财税、产业政策，主要体现在政府直接投资、补贴支持、税收优惠、中小企业信贷融资等方面。

（2）美国促进制造业发展的财税政策和产业政策

在政府投资方面，2009年美国通过了《复苏与再投资法案》，计划投入180多亿美元支持基础性研发；逐步提高"技术创新项目"经费，计划到2015年度经费拨付额度提高至1亿美元；推出"先进技术汽车制造贷款"专项计划，支持加利福尼亚州、特拉华州、田纳西州等地方电动汽车研发生产，并计划至2015年将有100万辆电动汽车投入使用；制订实施"五年计划"以提高专利质量和及时性。2011年6月启动的"先进制造业伙伴计划"斥资5亿美元，投资于能够提供高端制造业岗位的、提升全球竞争力的新兴技术。2012年，美国联邦政府斥资3000万美元在俄亥俄州扬斯敦建立"国家添加剂制造创新研究院"，并带动大学和企业配套出资4000万美元，开展添加剂制造创新等方面研究。2013年2月，奥巴马政府启动了三个制造业创新"轴心"计划，计划建立"国家制造业创新网络基金"用于15个研究院投资建设，联合大学、企业、政府等各方面力量共同投资新技术研发。

财政补贴方面，美国政府针对重点制造产业进行一定的扶持。一是民用航空产业，美国政府长期通过贷款补贴、研发支持等方式支持波音公司发展，在1989—2006年期间补贴金额累计不少于53亿美元，巩固了波音公司在全球航空市场份额。二是汽车产业，美国政府2009年2月成立"汽车业特别工作组"，专门向汽车工业提供借贷资金，帮助克莱斯勒、通用汽车等大公司度过破产危机；2009 年 8 月美国通过了《先进汽车技术法案》，拨付 29 亿美元专项用于支持先进技术汽车及零部件研发。

税收政策方面，美国支持制造业发展的税收政策主要体现在企业所得税上。美国制定实施了永久性税收抵免制度（R&E Tax Credit），新兴产业、科研机构的科研费用可以在所得税中按照一定比例直接进行扣除，奥巴马政府第一任期内已经将此项税收抵免的最高幅度提升至 20%。2009 年 2 月，美国政府出台的《复苏与再投资法案》中，对符合条件的用于风能、地热、海洋能、生物质和微流体动力能等可再生能源项目的设备制造、安装费用，按照 30% 给予税收抵免，其中用于太阳能发电和地热发电的投资费用可以享受永久的 10% 抵税。2012 年 2 月，美国政府发布《总统企业税制改革框架》报告，提出制造业企业实际所得税负不应高于 25%，并建议将企业所得税税率由 35% 下降至 28%，同时简化研发费用抵扣公式，以便于企业投资和申报。另外，为了劝阻制造业外包、鼓励内包，美国取消海外航运作业的税前扣除并以收入中性为原则提供新的激励措施，不再允许企业迁到海外的搬家费用在本地所得税中扣除。在《总统企业税制改革框架》中，美国运用税收杠杆和补贴奖惩等政策工具，吸引企业回国投资，鼓励企业本土创新，打击跨国公司海外避税。此外，在关税上，美国《2010 制造业促进法案》暂时取消或削减了制造业进口原材料的关税，用以减轻制造业企业负担。

针对中小企业，美国制订了大量的推进产业升级和科技创新的计划，如根据《中小企业创新开发法》规定设立"小企业创新开发计划"。《中小企业创新开发法》还规定，联邦政府应尽可能向中小企业提供政府采购合同。

（三）日本

1. 历史沿革与现状

1868 年，受到西方工业文明的强烈冲击，日本开始了"明治维新"，在政治、经济、社会等方面均实施改革，其中，经济上的"殖产兴业"，开启了日本的工业化浪潮。19 世纪 70 年代，日本积极学习西方发达国家的先进技术，引进先进设备，建立示范工厂，在国内建立了一批以军工、航运、铁路、矿山为重点的国营企业。19 世纪 80 年代，政府将国营企业廉价卖给特权资本家，培植了一批日后成为日本工业发展重要推动力量的财阀。20 世纪初直至第一次世界大战前，日本工业迅速增长，尤其是轻纺工业获得较大发展，而化工、机械等重化工业的发展水平较低。20 世纪 30 年代，日本加强对外军事侵略，制造业生产由此迅猛增长。第二次世界大战期间，日本国内轻纺工业与重化工业生产均迅速膨胀，直至战败，这种畸形状态才宣告结束。

战后至今，日本的制造业发展大致可以分为五个不同时期（如图4—4所示）：

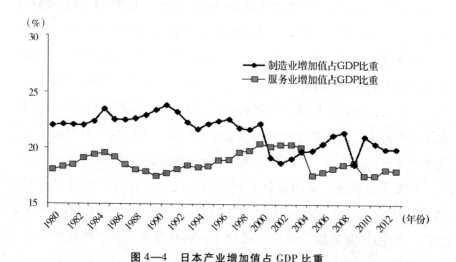

图 4—4　日本产业增加值占 GDP 比重

数据来源：wind 资讯。

第一个时期为经济复兴时期（1946—1960 年）。战后初期，为使经济从战败后恢复，日本政府在美国当局的支持下，进行经济改革。推行了"倾斜生产方式"的产业政策，集中力量进行煤铁生产，以期带动整体产业的复苏。50 年代初，采取"集中生产方式"取代"倾斜生产方式"，运用财税政策为主的间接调控手段实施产业合理化政策，重点支持钢铁、电力、造船等重要工业。50 年代后期，政策目标转向产业振兴，扶持幼小产业、保护衰退产业；实行合理化卡特尔，提高企业规模效益以增强日本企业的国际竞争力。日本经济逐步恢复了自立和增长。

第二个时期为经济高速增长时期（1960—1973 年）。此时日本经济已初步具备了发达国家经济的特征，日本政府的发展目标为产业结构高级化和增强国际竞争力。1960 年年底，日本政府制订了著名的《国民收入倍增计划》，推行了以发展石油化工、钢铁、机械工业等重化工业为主的产业结构政策和以扶持中小企业为主的产业组织政策。此后，日本制造业迅速发展，造船、钢铁等产业以及资本与技术密集度比较高的机械设备、汽车制造等重要工业领域在世界工业生产中都具备了较强的国际竞争力，经济实力跃居全球第二。

第三个时期为经济低速增长和调整时期（1974—1990 年）。受国际经济政治局势影响，日本制造业转入低速增长和调整时期。日本政府在1980 年确立了"技术立国"战略，推动半导体、计算机等高新技术产业飞速发展，同时尽量避免高污染、高能耗的重化工业对环境的危害。与此同时日本金融经济迅速膨胀，形成了严重的泡沫。

第四个时期为长期经济停滞时期（1991—2001 年）。1991 年，日本泡沫经济崩溃，陷入了长期经济停滞，年均 GDP 增长率只有 1% 左右，在亚洲经济危机期间，甚至连续两年出现了负增长。制造业出现了设备过剩的情况，制造业比重也随之下降。

第五个时期为经济缓慢增长时期（2002 年至今）。日本经济及其中占据重要地位的制造业开始缓慢恢复，2008 年国际金融危机爆发，日本政府提出 5 轮经济振兴对策，重点在于强化日本工业的竞争力。2013

年 6 月，安倍政府提出"日本再兴战略"，其中的重点"产业再兴战略"具体提出了紧急结构改革、雇佣制度改革、推进科技创新、实现世界最高水平的 IT 社会、强化地区竞争力以及支持中小企业的六项具体措施。2014 年 6 月日本政府再次强调了这些战略，同时高度关注部分具体产业，例如日本政府将会投入大量资金进一步开发新兴的 3D 打印技术。

2. 工业革命及制造业发展的产业政策

（1）日本产业政策的实施有一整套完备的政策体系

日本在不同经济发展时期采取了不同的产业政策手段，也经历了从直接介入性措施向间接诱导性政策手段的转变过程。战后的 20 世纪 50 年代，以税收与财政投资措施为主要手段；60 年代，以制定特定法律、采取行政指导及经济性诱导为主要手段；从 70 年代开始，以制定防止公害的法律法规、促进技术开发的经济资助、为企业提供信息指导等为主要手段；80 年代中后期，以技术研发促进产业结构转化的信息指导和限制性行政措施为主要手段；90 年代中期以后，以产业技术创新、培育日本 21 世纪主导产业的计划为主要手段。

综合利用了财政与货币等经济手段，其具体实施方式复杂多样，如财政手段中有各种税收减免、特别折旧、财政补贴、直接投资等；货币手段有政策性融资和低息贷款、特别资金资助、财政投资贷款等。此外，贸易政策手段有关税与非关税壁垒、配额制、进口审批、外资进入限制、出口信用担保等；行政管制手段有价格管制及补贴、技术标准及规范、进入退出壁垒等；法律手段有制定和修改相关产业立法等。以 20 世纪 70 年代为界，日本产业政策的实施由主要依靠直接干预手段转向主要依靠间接调控手段，这是因为日本民间经济实力的增强和市场化改革的呼声强烈，经济体制逐步转入自由化阶段，产业政策的作用变小，政府转变职能，开始重视市场在资源配置中的作用，以保证在市场机制作用下最大限度地发挥企业的活力。

（2）日本始终把促进产业结构优化升级作为产业政策的主要目标

战后日本产业政策的主流与核心是产业结构政策，内容包括主导产业的选择与培育、对幼稚产业的保护及对衰退产业的调整等。在对主导产业的筛选中基本遵循了产业发展的规律，日本在经济发展的不同时期，根据世界经济发展的趋势及本国经济发展的状况，按一定的标准选定主导产业予以政策扶持，从而促进了产业结构的合理化和高度化，带动了整个国民经济的发展。同时，日本选择了潜在优势产业作为主导产业，而不是比较优势产业。

（3）日本注重培育大企业的国际竞争力和扶植中小企业的市场竞争力

战后日本产业组织政策主要包括两个方面：一是合并和改组政策，以促进生产与资本集中，扩大企业规模。二是中小企业政策。20世纪60年代，日本产业组织政策以追求规模经济效益为主要目标，兼顾保护中小企业。70年代中期以后，随着汽车、家电、电子设备为主的机械工业取代重化工业而成为日本主导产业，日本产业组织政策转为扶持中小企业政策，以保持其市场竞争活力。

日本政府战后50年间相继出台了30多部有关中小企业的法律法规，并形成了一个完备的政策体系，政策手段多种多样：有专门针对中小企业的金融机构和信用制度，有为中小企业提供财政贷款或低息资金的金融政策，有减轻中小企业税收负担的各种优惠税收政策，有为中小企业提供事业指导补助金、针对技术改进的特别折旧等财政支出政策，有限制大企业滥用市场支配力而建立中小企业互助团体的交易公平政策，有协助制订不同产业现代化计划和发展远景规划及提供预测的信息指导政策，有提供职业培训、协助中小企业提高员工素质的劳动政策，等等。

（4）日本注重引进技术和技术创新兼顾

日本利用其有利的国际条件和国内较高的文化教育基础及研究开发

规模，制定实施了一系列产业技术政策，鼓励企业进行研究开发，走了一条引进—消化—吸收—创新的技术进步路线，仅用了短短的二三十年时间就使日本的科技水平达到世界先进水平。技术引进政策主要包括采取外汇配额制、税收特别措施、进口审批制等。20世纪60年代以后，日本转向以自主研发为主的产业技术政策，内容包括建立联合科研体制、专利保护制度、科研教育制度，采取扶植科研开发的经济措施（税收优惠、补助金、委托费、低息贷款等），迅速地把科技成果转化为现实的生产力和经济效益，同时促进了产业结构的升级，提高了劳动生产率，这又进一步提高了科技水平，促进了日本经济的可持续发展。

（5）日本注重市场机制与政府干预的有机结合

日本资本主义经济最早是在明治政府的大力扶植下发展起来的，政府对经济的强力干预在战时统治时期达到顶峰，战后初期，虽然废除了统治体制，但政府干预经济的习惯做法短期内难以改变，加之当时特定的背景下日本市场力量弱小，所以在经济复兴时期，政府对经济实行了直接干预。20世纪60年代日本经济高速增长时期，政府干预与市场机制的矛盾激化，政府的政策意图遭到成长起来的民间企业的反对和抵制，以至于政府主导型产业体制设想最终未能实现，被迫让位于企业"自主调整"的产业体制。20世纪七八十年代以后，日本的产业政策体现了市场机制与政府干预有机结合的原则，政府逐渐减少对资源配置的干预，政策工具也由直接的行政干预转变为信息引导，发挥市场的效率优势，政府引导和企业自主选择相结合，使社会经济资源的配置更合理，更有效率。90年代以后至21世纪初，日本坚持注重市场机制作用、维护市场竞争秩序的原则，总体上依靠市场机制与企业自身活动推动经济运行和产业发展，具体政策的作用范围只限于对经济发展的顶层设计和对全局性、基础性问题的引导统筹。日本的经验再次证明，产业政策应当通过市场发挥作用。

（四）韩国

1. 历史沿革与现状

韩国制造业发展始于 20 世纪 60 年代初，历经了三次承接国际产业转移，并成功破解了"低端锁定"困境，实现了产业升级，于 20 世纪 90 年代步入发达国家行列。

20 世纪 60 年代初至 70 年代初，韩国进行了第一次国际产业转移承接，承接了日本和欧美产业结构调整时期的纺织、服装、日用品等劳动密集型产业。20 世纪 70 年代初两次石油危机的爆发，西方发达国家不得不加快发展新能源、微电子等技术密集型产业，逐渐放弃化工、钢铁、造船等资本密集型产业。1973 年 1 月韩国政府顺应这一变化，发布了"重化工业化宣言"，把石油化学、钢铁、造船、汽车等十大产业作为重点发展行业承接产业转移。第三次产业转移则是 20 世纪 80 年代，韩国承接了电气电子、运输机械等兼具资本密集型和技术密集型的产业，并将部分劳动密集型产业转移至东盟等国家。

三次产业承接转移过程中，韩国一直注意技术经验积累和自主研发探索，努力破解产业"低端锁定"困境。20 世纪 80 年代，韩国开始加速促进产业由资本密集型和技术密集型产业向知识密集型产业转变，大力发展知识产业、研究开发型产业、高级组装型产业、流行设计产业。不断依靠增强的自主创新能力促进产业升级，在关键技术领域赶超发达国家，全面提升韩国制造业的国际竞争力，最终实现了制造业和经济发展的超越，步入发达国家行列。

从具体数据来看，从 1970 年开始，韩国制造业增加值占 GDP 比重基本处于增长趋势，贡献率从 1970 年的 19.8% 增长至 2014 年的 33.1%，增长了 13.3 个百分点。韩国服务业增加值占 GDP 比重同样呈现出增长趋势，由 1970 年 49.4% 提高到 64.3%，第二产业和第三产业增加值基本占据了国内生产总值的绝大部分（见图 4—5）。

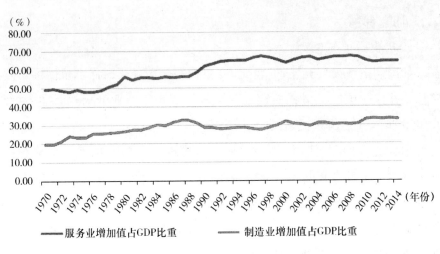

图4—5 韩国产业增加值占 GDP 的比重

资料来源：OECD Database，https://data.oecd.org/.

随着 21 世纪步入知识社会，韩国制造业开始面临危机。根据美国劳动统计局发布的最近 10 年（2003—2012 年）单位劳动成本变化，美国和日本的单位劳动成本分别降低了 30.2% 和 14.4%，韩国劳动力成本却增长了 1.8%。2010 年至 2013 年，韩国制造业业绩明显下滑，销售额增长率从 18.7% 降到 0.7%，营业利润率也从 7.8% 减少到 5.7%，制造业的雇佣比率也从 1990 年的 27.2% 下降到 2013 年的 16.7%，这使得韩国制造业在国际市场上竞争力明显减弱。为破解制造业危机，2014 年韩国提出了"制造业创新 3.0"计划，计划"打造融合了 IT·SW 的新产业，制造新附加值，从追赶发达国家型战略转换为先导型战略，确保韩国所独有的制造业竞争优势"，由政府打造大环境，让企业自行实施创新。

2. 工业革命及制造业发展的产业政策

在用于支持制造业研究开发建设和促进服务型制造业发展方面，韩国政府注重加大财政资金投资，直接投资设立了许多研究机构。许多研究开发项目经费主要由政府和企业共同承担，或者由政府设立的研究所直接承担。"官民联合"项目需要经过专家委员会评审，并通过招投标的方式确定一个官办研究所研究开发。项目研究经费构成一般是政府资助占30%，社会企业投资占70%，项目取得效益后，逐步从销售利润中扣回政府投资。1993年开始，韩国政府连续提出了3个"五年计划"，计划至2007年在大邱、釜山和光州建成区域性设计创新中心，并在高校中设立12个设计创新中心。2001年促成世界设计大会后，韩国大力投资100亿韩元，以产、官、财的结合方式支持产业的设计活动。

继德国提出"工业4.0"计划后，2014年6月韩国政府启动了"制造业创新3.0"计划，并由产业通商资源部和大韩商工会成立了"民公联合制造创新委员会"，以推进相关政策顺利进行。"制造业创新3.0"计划提出了创造融合型新制造业、强化主导产业核心力量、制造创新基础高度化三大战略，设立了IT·SW基础工程创新、创造融合生长动力、确保材料和零件主导权、强化制造业的软实力、提供需要定制型人才和地点选择、向东北亚R&D中心进军的6个重大课题，推进13大产业引擎项目建设等内容。"制造业创新3.0"计划将31个重复运营的标准合并为单一标准，把政府或制造业负担的类似认证合并运营，并自2015年7月起由韩国产业标准认证（Korean Industrial Standards，KS）定期审查。通过政府财政与民间资本的合作共同推动该计划的实施，以重新获取制造业全球竞争力。在战略执行上，"制造业创新3.0"采取大企业带动中小企业、试点地区向全国扩散的"渐进式"推广战略，扶持和培育劳动生产力和研发能力相对弱势的中小企业。韩国政府计划，到2017年通过对中小企业的"智能化改造"，培育出10万家中小型出口企业，和400家出口额达1亿美元的中坚企业。

韩国在政府补贴政策方面形成了一套完整的企业研发促进政策措

施,鼓励民营企业投资附设技术研究机构。韩国相关税法规定,私营企业研究机构承担国家研究开发项目的,政府给予研究经费 50% 的财政补贴;中小企业或个人从事新技术商业化的,韩国政府将提供经费总额 80%—90% 的补助。

政府采购政策方面是韩国产业政策的重要组成部分。韩国政府对国产高速列车和核电站等公用事业装备实施全部政府购买,对国产汽车、计算机产品优先采购,即使国产产品价格较高,国有企业也要优先采购国产设备和其他产品,以此来重点扶植国内大型制造企业发展。

税收政策方面,尤其是企业所得税方面,韩国政府规定,相关企业可根据不同的企业类型,按照收入总额 3%—5% 提取技术开发准备年金,并可将其计入成本,用于技术开发、创新、培训及研究设施投资等,在提留期的 3 年内享受税收减免。对于开发费用与研究试验设备支出,韩国政府也予以一定的所得税优惠政策,企业专职研究人员的人员费用、研究材料费、技术研究费、国外委托教育培训费、企业内职工培训等费用,均可享受所得税税前抵扣。为鼓励科技成果市场化和产业化,韩国政府施行技术转让所得减免税制度,对于转让或租赁专利、技术或新工艺的所得收入可减免所得税或法人税。流转税方面,企业下属研究所等非营利法人开发新产品,且国内不能生产必须进口的试验研究用物品,免征特别消费税,并给予减免关税的优惠措施。此外,对风险企业、技术集约型企业的发展也给予有力的税收优惠支持。

三 国际经验对《中国制造 2025》及其
财税政策的启示

(一) 结合中国的具体国情,制定合理的产业政策

客观上讲,这几个典型国家经济奇迹的出现,都离不开迅猛发展的

制造业的有力支撑，对此，科学合理的制造业产业支持政策功不可没。国际学术界也对这些国家产业政策评价甚高，并作为产业政策模式的成功经验予以推广，甚至还提出了以这些国家为典范构筑新经济理论的要求。然而各国的文化传统和历史背景存在差异，具体的经济发展阶段以及所处的全球经济环境也不尽相同，将这些国家的成功经验原封不动地全盘移植到我国肯定是行不通的。日韩两国也不是盲目学习照搬西方发达国家的先进经验，而是在本国历史文化传统背景下，结合本国的实际情况，经过精心改良以适合本国发展的需要，最终获得成功的。同时，产业政策要不断适应国内政治经济环境和国际背景而调整，呈现出随不同发展阶段而变化的特征，因此，我们在制定合理的产业政策时，也需基于我国的现实情况，坚持中国特色，根据经济政治体制改革、市场发育程度与国际经济环境的变化，做出适时的调整，不能生搬硬套外国经验。这是我们这样的发展中国家需要特别注意的。

例如，日本实行的内需与外需并重经济发展战略值得我们借鉴。战后日本政府主要采取具体政策措施提高居民的消费水平扩大内需，同时不断扩大贸易出口，双管齐下推动经济复兴。我国的经济增长严重依赖投资和出口，内需严重不足，其结果是贸易摩擦不断，国内产能过剩严重，资源能源紧张，导致经济不可持续发展，因此我们应该制定一系列有利于居民消费的经济政策，提高城镇居民的消费能力，增加农民收入，积极培育农村消费市场。然而，日本战后实施的追赶性产业政策，采用劳动密集型—资本密集型—知识密集型分阶段推行的经济发展战略，虽然可以完成对西方发达国家的追赶任务，但是，这种分阶段推行的战略容易使后进国家在追赶过程中步先进国家的后尘，亦步亦趋。有了日本的前车之鉴，作为发展中国家的我国，在制定赶超战略的产业政策时，既要发展劳动密集型、资本密集型产业，同时也要利用后发优势，积极发展知识密集型产业，三种产业齐头并进，打破传统产业升级的一般规律，走出一条具有中国特色的多产业发展道路。环保问题上也应该采取边发展、边治理的方法，实现制造业乃至经济的可持续发展。

（二）建立一整套完备的产业政策体系，做到政府干预与市场主导有机结合

随着市场经济逐渐成熟，政策手段要从直接介入性措施向间接诱导性措施转变，并且政府的干预应逐渐弱化，真正让市场在资源配置中起基础性作用。战后各国产业政策演变的历史已经证明，试图强化政府直接干预市场的政策大部分或者难以通过国会，或者被私营企业强烈反对，或者无法付诸实施，因此，目前其产业政策主要是采取间接干预的方式。我国应该制定围绕产业政策目标实现的配套政策，建立各项措施的合理组合，政策手段应该减少直接干预的行政手段，更多地采取法律和经济等间接手段，并注意多种手段的配套协调和综合作用。

当然，在市场经济以及新兴产业发展初期，市场尚不完善，政府有必要介入其具体运行，但是，当市场经济体制逐渐成熟、新兴产业渐成规模后，政府应当适时退出，充分发挥市场的资源配置优势，以市场为中心，私营部门为主体，建立经济体制，政府的职能转为弥补市场经济的失灵和缺陷。但是有学者研究证明我国的产业政策具有强烈直接干预市场的特征，并且更倾向于以行政手段直接干预市场。这必然会压制市场主体的经济自主性，严重抑制市场自发调节的功能和市场竞争的活力，使得市场经济效率低下，进而严重抑制我国市场经济的发展完善。因此，我们必须大力培育竞争性市场，充分发挥市场机制的自我调节作用，逐渐转变政府职能，逐步向小政府、大社会过渡。

（三）区分不同产业类型，制定针对性产业优化政策

对幼小产业、主导产业、衰退产业等不同类型产业应采取针对性政策。

在对幼小产业进行保护方面，要善于运用国际规则与惯例。日本在

面对贸易和资本自由化趋势时，采取拖延战术以促进幼小产业的成长壮大，这一点对我们很有启发。我国 2001 年年底加入 WTO 以来运用了 WTO 规则中对发展中国家的例外条款，采取了措施保护幼小产业的发展成熟，今后我们也要善用规则保护在国内外市场上具有发展潜力而竞争力暂时不强的幼小产业，在期限上不要过于拘泥，等它们初步具备竞争力，让它们到市场上接受检验，直到能够与国际大公司相抗衡后再撤销保护，在不违反游戏规则的前提下，体现出对规则的灵活运用。

在主导产业的转型升级方面，我国目前基本上还处于工业化发展的初中期阶段，以第二产业（重化工业）为主导产业的结构，产能过剩，升级缓慢，整体产业结构不合理且低级化。因此，我们必须加快推进基础设施和基础工业发展，发挥后发优势，结合动态比较利益方法，在条件具备的情况下，制定促进新兴主导产业发展的战略性产业政策，从战略高度发展以信息技术为突破口，带动生物、纳米技术、环保技术、新能源等高新技术产业的跨越式发展。

在对衰退产业的调整方面，上述各国经验对我国国企改革也具有一定的参考价值。衰退产业是指那些由于产业结构升级转化而陷入停滞甚至萎缩的产业，按照产业经济学的理论，除了农业、工业、第三产业三大类产业以外，许多具体的产业都要经历一个幼小期—成长期—成熟期—衰退期的生命周期，造成产业衰退的原因有很多，一般情况下政府都会对衰退产业实施调整援助政策。首先，我国根据不同产业的不同特点制定相应的法律，实施不同的援助政策，促使企业通过缩减过剩设备、缩小产能规模顺利地转移资本与劳动力，实现产业结构调整的目标，通过法律手段协调各方利益，避免不负责任的独断专行。其次，要妥善处理结构性失业问题。可采取对衰退产业失业工人进行免费培训和介绍职业，对其子女给予补助以及对雇用衰退产业地区和行业的失业工人的企业发放补助金等一系列做法，妥善安置下岗失业工人，推进再就业工程。再次，引入市场机制调整衰退产业结构。过去我国对待一部分长期亏损的企业尤其是国有企业采取的是财政补贴政策，后来又对国企进行了大刀阔斧的改革，对确定是衰退产业的企业进行了坚决的"关、停、并、转"，通过改组以后实行了不同的援助政策，但是，由于政企不分的局面短时间内难以改变，对衰退产业的调整效果并不明显。根据发达国家的经验，应在对衰退产业结构调整的援助政策中更多地引入市场机制，通过提供信息诱导企业发展的方向，避免企业产生对政府的依赖导致企业的不当行为和减弱市场机制的作用。

（四）营造良好市场竞争环境，促进中小企业发展壮大

从上述各国的产业政策概述中，可以看出各国在不同工业时期都重视中小企业发展的特点。从德、美、日、韩四国的产业政策思路和政策实践看来，相对于解决中小企业发展中面临的资金、管理等实际困难，政府更应该着力提供的是有利于中小企业生存发展的公平、透明、开放的经营环境，以及有利于中小企业和大企业协同发展的产业组织结构。

中国目前仍处于经济转轨时期，长期以来，政企不分、产权不清，政府对企业投资经营活动过度干预，抑制了企业家的创新精神，形成行业行政性垄断、部门行政垄断、地区行政垄断以及对不正当竞争的行政性保护等，导致企业成长缺乏有效率且公平的市场竞争环境。同时，我国产业政策具有强烈的"扶大限小"的特色，扶持大型央企、国企等扩张以形成规模经济来打造具有国际竞争力的大型企业集团，限制中小企业的发展壮大，提高市场集中度，避免过度竞争。这在钢铁企业和汽车产业等传统产业领域表现得十分突出。然而在高科技产业领域，我国的这类产业普遍规模较小、结构不合理、实力弱小，因而不具备国际竞争力。

当前，我国的中小企业政策仍然以解决中小企业实际困难的扶持性或援助性政策为主，操作起来困难且缺乏长期性和协调性。应将政策方向转变为建设中小企业公共服务体系，提高技能、创新等资源对中小企

业的开放程度，提升中小企业创新能力。应尽量利用公共采购、产业引导基金、税收优惠、财政补贴等政府政策工具，使得中小企业也能充分享受国内政策资源，获得更大的发展助力。

（五）发展产、学、研一体化科研体制，大力推进自主创新

产、学、研协作既是科技创新的有力手段，也是加速科技成果转化为生产力，实现产业化的一个有效途径。当前乃知识经济时代，以信息技术、新能源、空间技术、生物技术、海洋技术为代表的新技术革命突出了科学在新兴产业的重要地位。我国应借鉴德国、日本等国的经验，建立产、学、研一体化科研体制。这就要求高等院校与科研机构发挥带头作用，在培养创新型科技人才和提供新技术科研成果方面做出应有的贡献；政府和企业加大科技投入，加快消化吸收科技成果转化为现实生产力的步伐；同时，应该发挥市场优势，加快建立以企业为中心的技术创新机制，产、学、研既分工协作又紧密结合，建立风险共担、利益共享、优势互补、共同发展的一体化机制，集中力量在高科技领域取得重大突破，推动我国科技进步，实现在重点产业的跳跃式发展，促进产业结构优化升级。

目前，我国政府已经在营造激励自主创新的环境，推动企业成为技术创新的主体方面发挥了财税政策的积极作用，但是与建立创新型国家的目标相比还存在不小的差距，所以应当在财政支出与税收政策这两大方面着手，进一步完善我国促进自主创新的财税政策。

财政支出政策方面，目前我国的财政科技拨款占当年财政支出的比重偏低，应当借鉴国外经验，根据产业发展需要和科技水平、技术硬件等实施条件的成熟度，在自主创新的重点领域，加大科技投入力度，尤其是基础研究和应用基础研究领域，应大力支持基础平台建设，支持战略性支柱产业的自主创新发展。

税收政策方面，当前我国对高新技术产业的税收优惠政策基本集中于生产和销售两个环节，这导致企业把投入重心放在技术引进和高新技术产品生产上，而不是建立科技创新体系和新产品研发。因此，应该借鉴国际上采用技术开发基金等间接优惠的方式，适当加大加速折旧、投资抵免等税收工具的优惠力度，鼓励企业更多地投资于科技投入和设备更新。此外，可考虑对创新工作者提供更多的税收鼓励，比如适度扩大科技奖励以及科技发明带来的收入免征个人所得税范围等，还可针对自主创新企业的实际情况制定税收优惠政策等。

第五章

中国制造业发展面临的机遇与挑战

"十三五"时期，伴随经济发展步入新常态，制造业发展所处的内外部环境正在发生深刻的变化，我国将全面进入工业化中后期，部分发达地区进入工业化后期，到 2020 年基本实现工业化。因此，制造业发展将面临一些趋势性变化。一是制造业对 GDP 的贡献会趋于下滑，增速总体持续趋缓。二是制造业内部结构变化，即技术和资本密集产业比重上升，而资源和劳动密集型产业下降。这些变化将对"十三五"乃至更长时期的工业发展产生深远的影响，它一方面会为我国制造业的发展带来新的机遇，同时又会给我国制造业发展带来严峻的挑战。

一 中国制造业发展面临的机遇

（一）中国制造强国建设的历史性战略机遇

制造业是国民经济的主体，是立国之本、兴国之器、强国之基。"十三五"时期是全面建成小康社会决胜阶段，调结构、转方式、促创新任务十分艰巨。《中共中央关于制定国民经济和社会发展第十三个五年规划的建议》指出要落实《中国制造 2025》，建设制造强国，并明确要求工业化和信息化融合发展水平进一步提高，产业迈向中高端水平，先进制造业加快发展，新产业新业态不断成长。这一重大战略部署，体现了党中央对制造业战略定位的新认识和重视实体经济、加快转变经济发展方式、培育发展新动力的坚定决心。

随着国情、世情的新变化，我国制造业必须实现"由大变强"，应努力抓住我国制造强国建设的历史性战略机遇，充分认识和准确把握新一轮科技革命、产业变革、全球制造业发展出现的新变化新趋势，科学分析我国制造业所处新常态发展阶段的具体情况。《中国制造2025》提出"三步走"的制造业发展战略。第一阶段目标就是要在2025年迈入世界制造强国行列。从制造大国迈向制造强国是现实发展的迫切需要。必须充分认识和准确把握制造业大国转型的基本特征。从国际经验和我国实际来看，我国制造业转型与中小经济体有明显不同，人口众多、国土辽阔、经济体量巨大；而制造业具有体系完备、多元化发展和空间差异明显的特点；从时间上看，庞大和不断提升的消费需求使得制造业处于核心技术开发、质量提升和品牌培育的转型过渡阶段。尽管会受到发达国家和新兴经济体的双重挤压的严峻挑战，但在本国的发展空间和机会依然十分巨大。

（二）新工业革命和新兴产业加快发展带来的机遇

新一轮科技和产业革命的核心是制造业与信息技术相互融合，以互联网、新材料、数字制造领域的深度创新和广泛应用为代表，促使制造业从自动化走向数字化与智能化，将催生出一批新兴产业，促使制造业的发展理念、产业形态、生产模式、组织方式、产品技术和价值链等多方面实现协同变革。

协同、智能、绿色、服务等日益成为制造业的核心价值体现；泛在连接和普适计算将无所不在，人工智能、数字制造、工业机器人、可重构制造、虚拟化技术、3D打印、工业互联网、大数据等技术将重构制造业技术体系；基于信息物理系统的智能工厂将成为未来制造的主要形式；网络重包、异地协同设计、大规模个性化定制、精准供应链管理等正在构建企业新的竞争优势；全生命周期管理、总集成总承包、互联网金融、电子商务等加速重构产业价值链新体系。

新工业革命对制造业主要有以下几方面的重大影响：一是可以促进服务业和制造业的各个环节融合发展。信息技术向制造业的渗透，引发制造技术和模式的突破性创新，再造产品生产流程，重组各类产业链，依托中国巨大而广阔的市场空间，形成新型制造业空间生产组织形式，满足工业革命下的新兴消费需求。二是可能催生一批新兴产业群体。新工业革命中机器人、新材料和数控机床将是制造业中最活跃的领域，新工业革命将催发生产方式和生产技术的重大革命，不仅包括传统的制造生产环节，更将融合设计、研发、营销等服务业环节。如3D打印机将促进互联网、智能软件、工业设计、新材料、数控机床、机器人、激光焊接等领域的融合发展。三是新工业革命将使传统产业重新焕发生机。一方面，新技术的应用可以改变传统产业的内核，加速其实现转型升级；另一方面，新技术与传统产业相结合，有可能产生新兴行业，如数控机床行业、新能源汽车行业和新材料行业都是典型例子。四是新工业革命将极大地缓解我国制造业发展的生产要素约束，包括资源能源、土地和人力资本等要素约束。新工业革命推动了制造业服务化的深化发展，制造业服务化将秉承新型工业化道路科技含量高、经济效益好等内涵要求，有助于我国制造业缓解趋紧的要素约束。

（三）产业组织形态演变带来的机遇

新一轮科技革命与产业变革，正在推动产业组织形态发生深远的变革，这些变革亦将为我国制造业的发展带来新的机遇。

新工业革命背景下，制造业生产方式将由大规模标准化生产向大规模个性化定制转变，这一转变将塑造全新的产业组织模式，垂直结构、中央集权、自上而下、企业巨头的组织模式将向扁平化结构、分散分布式、社会化、竞合化的网络状组织模式转变。而这有助于制造业乃至整个国民经济的结构调整与转型发展。

大规模生产转向大规模定制，降低企业对规模经济的依赖，有助于破除产能过剩的形成机制，有效防范产能过剩风险。可重构生产系统使得大规模定制具备经济可行性，产品种类大幅增加，产量可得以有效控制，企业依靠规模经济降低产品成本的竞争策略将进行调整，满足消费者个性化需求将取代规模经济成为企业的主流竞争策略。这将有助于在微观层面上破除产能过剩的形成机制。新工业革命下，生产小型化、智能化、专业化将成为产业组织新特征，不同的产业链相互交织，具有独特技术优势的高技术创业企业和小微企业作用更加凸显，这也为小微企业提供新的发展机遇。以云计算为代表的下一代信息技术使得小微企业也能够以足够低的成本获得更强的数据存储和计算能力。网络开放社区的发展，提高了小型化、分散化经营的经济性的同时，大大推动了小微企业创新能力的提升。我国有大量的小微企业，这些企业在解决就业、推动创新方面具有重要作用，新科技革命和产业变革的深化发展将为小微企业发展提供前所未有的机遇和有利条件。

（四）基于全面深化改革的"新制度红利"

2015 年《政府工作报告》明确指出必须以经济体制改革为重点全面深化改革，增强发展新动能，"要实施'中国制造 2025'，坚持创新驱动、智能转型、强化基础、绿色发展，加快从制造大国转向制造强国"。党的十八届三中全会做出了全面深化改革的决定，并对我国当前经济改革做了具体的部署。党的十八届五中全会通过的《中共中央关于制定国民经济和社会发展第十三个五年规划的建议》明确要实施《中国制造 2025》，加快建设制造强国。全面深化经济体制改革，将消除不利于经济转型发展的体制机制障碍，大大释放经济发展的内生动力，这为"十三五"制造业的转型发展带来了重要的改革红利。

推动生产要素的进一步市场化改革，将优化要素资源的配置，提高制造业资源配置效率。对户籍、金融、土地、垄断行业等领域的改革，将使得资本、人力和土地等要素流动性增强，资源配置效率更高。这一方面将从根本上抑制低效率的粗放型投资，提高资本的使用效率，另一方面可以形成倒逼机制，迫使制造企业提高自身的生产效率和经营绩效。

深化体制改革能激发民营经济活力。《中共中央关于全面深化改革若干重大问题的决定》（以下简称《决定》）前所未有地将非公有制经济与公有制经济并列为国民经济的重要组成部分，并提出要毫不动摇地支持非公有制经济发展，从根本上奠定了民营经济长远发展的坚实基础。《决定》明确了转变政府职能，给民营经济松绑，还原市场配置资源的决定性作用的原则，民营经济被赋予平等参与市场竞争、获取市场资源的权利。同时，垄断行业改革意味着民营经济可获得资源将大幅增加，金融资源、技术资源、人才资源等都将流向机制更为灵活、创新动力更强的经济主体，对公有制经济也形成竞争压力，迫使其全面调整发展战略，进而激活整个国民经济。这对大量的制造业民营企业发展来说，无疑是最大的机遇。

深化科技体制改革将释放技术创新红利。《决定》中指出，要建设原始创新、集成创新和引进吸收再创新的体制机制，加强知识产权运用和保护，健全技术创新激励机制，健全技术转移机制，风险投资机制和建立各种支持机制。这些改革的深入，将有效激活各创新主体的积极性，并有利于促进各创新主体创新能力的提升，促进科技成果的转化和扩散，极大地释放制造业企业创新红利，为我国制造业乃至整个国民经济提质增效、持续发展提供源源不断的内生动力。

深化户籍、教育等领域的改革将带来"新人口红利"。户籍制度的改革，可以大幅度提高农民工的劳动参与率，进而增加制造业整体劳动力供给，并同时提高制造业劳动者的技能，达到延长人口红利的效果。教育领域的改革则会进一步提高教育水平，提高人力资本与经济发展需要的匹配程度，社会保障和医疗体制等方面的改革可以使人力资本与经济发展更匹配，"人口红利"消失后为"人力资本红利"所更替，形成新的发展动力源，促进知识创新和技术创新，实现制造业的创新驱动发展。

收入分配改革的深化，不但能实现改革红利由全体人民共享，还将为提升消费需求，实现消费、投资的大体平衡提供根本保障。当前国民收入分配很不平衡，严重制约了消费需求的提升。收入分配改革的深化，将在很大程度上提高中、低收入阶层的可支配收入，提高他们的消费能力和消费意愿，有利于提振消费需求，平衡投资与消费，为制造业发展创造良好的市场供需环境。

（五）新型城镇化带来的红利

新型城镇化成为"稳增长"的重要动力。新型城镇化的核心是人的城镇化，这将改变农民原有的生产方式、生活方式以及消费方式。随着农民工劳动参与率提高，收入不断增长，居民消费需求将进一步扩大。城镇化将产生巨量的公共基础设施和公共服务需求，这对于稳定投资需求、改善投资结构、带动制造业发展具有重要作用。根据中国（海南）改革发展研究院预测，未来 10 年，随着城镇化率提高，以及农民工市民化等进程的加速影响，我国将新增 40 万亿元的投资需求。

在中高速增长阶段，我国经济发展的最重要任务就是，在保证经济总量持续增加的同时，实现经济的转型升级。新型城镇化将为制造业乃至整个国民经济的结构调整与转型升级创造有利条件。第一，城镇化是我国内需最大潜力之所在，搞好城镇化有利于减轻经济增长对出口、投资的依赖，城镇化的聚集效应也有利于普通居民服务业及科技、金融、信息、物流、文化等新兴产业的发展；第二，新科技革命背景下的城镇化能够为科技创新的产生和应用提供广阔的市场空间，为我国在第三次科技革命浪潮中占据主动位置提供良好条件；第三，城镇化通过人口非农化、社会保障体系和财政转移支付措施，可以为城乡差距、贫富差距、地区差距等突出问题的解决提供契机；第四，城镇化通过人口聚集实现资源能源的集约利用和生产生活废弃物的集中处理，能够切实减轻经济社会发展对环境资源造成的破坏；第五，新型城镇化通过人才和知识的聚集，将激发创业创新和提升经济活力。

（六）区域间资源再配置带来的机遇

区域经济协调发展与区域一体化有利于制造业发展的地区分工与合作，有利于提升制造业空间配置效率。我国原有的区域经济发展不平衡战略和自然禀赋条件使得东部优先发展，新常态下亟须调整原有的区域经济发展布局。从沿海到内地，依次向经济腹地纵深发展是世界经济发展的普遍规律。东中西部地区协调发展和良性互动，将为制造业发展提供宽广空间和强大动力。

以市场化为原则，建立公平开放透明的市场规则，打破行政区划壁垒，消除区域间市场分割，推动区域经济一体化，加强统筹规划和共同治理，将产业转移和促进产业转型升级有机结合起来，促进区域经济协调发展，将有利于优化制造业空间布局、提高配置效率与转型升级。利用我国地区空间多层次梯度优势，把东部劳动密集型产业向中西部转移，东部重点发展高端产业，并在符合环保要求情况下，对生产流程进行升级改造，实现跨区域再配置，形成梯度次序的空间发展模式，不仅可以维持中低端制造业的劳动力等资源比较传统优势，而且能够有效地促进各个地区的发展和有机的制造分工体系，形成大国制造业的持续发展优势和综合竞争优势。

（七）"一带一路"战略带来的"新全球化红利"

目前，我国经济发展长期依赖的低成本要素优势的"全球化红利"已日趋弱化。"一带一路"国家战略实施，将结合大规模"走出去"和高水平"引进来"协同发展，推动市场、产业、资源能源和资本的内外深度融合。"一带一路"战略为我国制造业带来的"新全球化红利"表现在，一是更大范围的基础设施建设。"一带一路"沿线主要是发展中国家和新兴经济体，基础设施建设的规模将达 1.12 万亿美元，占全球份额的近1/3。"一带一路"沿线多数国家工业化程度不高、基础设施落后，固定资本额占其 GDP 比重低于 30%，这为我国基础设施建设所涉及的钢铁、建材、交通、管线、电信、能源等领域行业的走出去，赢得更大市场创造了广阔的外部空间。二是可以深化产业尤其是装备制造业的投资合作。这将是"一带一路"战略建设的重点领域，将推进各国工业化进程，促进沿线各个国家社会经济的深度融合。国内装备制造业企业可以通过自身渠道、建设产业园区，或是建立研发和技术中心，借力东道国当地的人才和技术资源，不仅做到为当地服务，而且也促进我国装备制造业的转型升级，推动我国制造业向价值链高端迈进。三是有利于我国成熟制造技术等的输出。为顺应"一带一路"沿线多数发展中国家发展经济的渴望以及对成熟技术的巨大需求，我们可将一批有较高竞争力的新技术和新产品，向这些国家输出，快速提升当地的制造技术水平，发挥中国制造的技术溢出效应，打造"中国制造"的世界影响力，推进制造强国建设。

二　中国制造业发展面临的挑战

伴随着世界新一轮产业革命和我国迈入经济发展的新常态，我国制造业功能定位将面临重大调整，传统粗放式发展模式所累积的问题和矛盾将表现得更加集中和严峻。

（一）劳动和土地等要素约束趋紧

劳动要素趋紧，劳动力成本优势削弱。2003 年，我国东部沿海就曾出现招工难和"民工荒"等问题。从 2010 年开始,我国劳动人口增量开始大幅度下降,从 2010 年之前的每年增加劳动人口约 800 万人下降到每年增加 200 万以下,2014 年,劳动年龄人口占总人口的比重从 2010 年的 74.5% 下降到 67%。无限供给廉价劳动力的"人口红利"已经趋于终结,"刘易斯转折点"正在到来,劳动力的供给不足,尤其是熟练技术工人的不足将成为常态。改革开放以来我国工业的快速增长得益于低成本的劳动力优势。但是近些年来,中国制造业职工工资保持在较高增速水平,2012 年我国平均实际工资比 2002 年增长 1.7 倍,由于工资基数较其他发展中国家要大,所以工资涨幅绝对值更大。2010 年,中国的单位劳动成本与美国、德国、日本、韩国等工业化国家之间差距缩小,但高于印度尼西亚和印度,差距拉大。中美制造业工人工资差距大幅缩小。根据美国劳工部和中国国家统计局官网数据,自 2004 年起,相对美国而言,中国的制造业工人工资水平稳步上升。2004 年,平均每个美国制造业工人的小时实际工资收入是中国每个工人的 13.6 倍;然而到了 2013 年,这一倍数下降到 3.3 倍。[①] 渣打银行(standard chartered)2015 年发布的报告称,在中国的制造业基地珠三角,工资上涨和劳动力短缺显而易见,85% 的受访制造商表示,劳动力短缺的现象并未缓和。他们预计,当年工资水平还将上涨 8.4%。

土地要素刚性约束趋紧。长期以来,我国很多地区为了追求 GDP、财政收入的高增长,都实行低价甚至零地价的工业用地政策,以此来招商引资和扶持本地企业,这降低了企业的投资成本、生产成本,提升了产品的出口竞争力。但是,近年来随着工业化和城镇化的步伐加快,对土地的需求快速增长,加之我国工业用地效率低下,土地的稀缺性日趋

---

① 据 BCG 一份报告显示,最新的最大 25 个出口经济体的制造业成本比较,如果以 2014 年美国制造业成本为 100 并综合考虑劳动力、电力和天然气成本,中国制造业成本指数已达到 96,接近美国的水平,略低于俄罗斯的 99、台湾地区的 97,高于墨西哥和泰国的 91、印度尼西亚的 83。

突出，工业用地指标已逐渐成为制约许多地区工业发展的刚性约束。

（二）环境、能源资源约束趋紧

生态、环境承载力已近极限。中国经济虽然经历了 30 多年高速增长，但发展方式粗放，付出了严重的生态、环境代价。中国有机水污染物（BOD）排放 2006 年就达到 8823.75 吨/天，是美国的 4.77 倍；氮氧化物排放量 2010 年达到 5.5 亿立方吨二氧化碳当量，排放量世界第一，是美国的 1.81 倍。国家环保局《2014 中国环境状况公报》指出，2014 年，我国地表水为轻度污染，全国省界断面水质 IV—V 类和劣 V 类水质断面的比例分别达到 16.5% 和 18.6%；IV—V 类和劣 V 类的国控重点湖泊比例分别为 30.6% 和 8.1%；水质较差和极差的地下水环境质量监测点比重分别占到 45.4% 和 16.1%；近岸海域劣 IV 类海水比例占 18.6%；2014 年，161 个空气质量监测城市，达标城市不足 10%。现阶段，生态破坏、环境污染问题，已经表现得非常突出，生态总体恶化的趋势没有根本扭转，国家生态屏障地区的脆弱环境状况已经接近极限，气候变化导致我国极端气象灾害发生的频率、强度和区域分布变得更加复杂和难以把握。未来的工业化进程和城市化进程还将带来巨大的污染物排放压力，生态和环境承载力将面临严峻的挑战。

能源安全压力巨大。目前中国仍然是世界最大的能源消费国，占全球消费量的 23%，和全球净增长的 61%。1978 年中国能源消费总量仅为 5.90 亿吨油当量，2003 年开始能源消费增长加速，从 2009 年开始，能源消费量就超过美国居世界第一位，2014 年达到 29.72 亿吨油当量。中国能源供应形势严峻，主要能源资源储量有限，2014 年，石油、煤炭、天然气的储采比仅为 11.9、30 和 25.7，远远低于世界 52.9、109 和 55.7 的平均水平。2014 年生产原油 21140 万吨，石油消费为 52030 万吨，进口原油 30920 万吨，原油对外依存度达到 59.42%，中国能源安全面临巨大的压力。2014 年，中国人均水资源占有量位居世界第 108 位，人均淡水占有量仅为世界人均的1/4，是世界上贫水和最缺水的国家之一。随着经济发展、城市化和工业化进程加速，用水需求不断增长，水资源短缺形势日趋严峻，已成为阻碍我国经济社会发展的主要因素。

（三）"第三次工业革命"对我国传统比较优势形成重大冲击

新工业革命有可能进一步削弱我国原有的比较成本优势，尤其是劳动力成本等要素的比较优势。有关研究表明，未来5—10年，中美之间的劳动力成本差距将逐步缩小。[①] 由于中国的低劳动成本比较优势主要反映在制造环节，发达国家如果用资本来替代劳动，用先进的制造技术来提升劳动生产率，尽管增加了高级技术工人和工程师等人才的需求，但是可能大大减少对低级技术工人的需求，升级后的新型生产模式力图以先进技术和高级技术人才发展战略与企业资产最优匹配，来实现企业价值的最大化。而发展中国家显然还没有做好这样的准备，整个国家的教育系统和培训体系还远没有做好这样的转型。

新工业革命可能进一步扩大发达国家制造业的竞争优势。一方面发达国家可以凭借在柔性制造系统、机器人和数控机床等领域技术领先的优势抢占新产业技术制高点；另一方面，通过先进技术与传统产业的结合来进一步更新整个国家制造系统；另外，发达国家还可以将先进制造业、传统产业与现代生产性服务业全面融合，提升整个国家制造业、服务业的国际竞争优势。届时制造业不再是微笑曲线的低端代表，而是国家实力的重要象征。新工业革命所引发的发达国家的"再工业化"和"制造业回归"使发达国家对制造业开始了重新认识和定位，原来在发展中国家布局的各类制造业生产活动有可能向发达国家内部回流，目前，以GE、福特等为代表的美国制造业企业已明显

---

① 黄群慧、贺俊：《"第三次工业革命"：科学认识与战略思考》，《光明日报》2012年12月14日。

加大了对本国的投资规模,而原来发展中国家所依赖的"雁阵模式"
的升级路径有可能受阻。可见,新工业革命有利于发达国家形成新的
竞争优势,相对削弱我国的传统比较优势,可能对我国产业升级和产
业结构优化形成抑制。

(四) 技术进步和实现赶超难度不断加大

技术进步的生命周期特点与产业发展阶段共同决定了后发国家技术
进步和实现赶超的难度。我国目前制造业成熟技术的锁定现象严重,主
要表现在没有掌握新兴技术和产业领域的制高点,装备制造业中的核心
部件和关键技术受制于人。我国基础研究在全部研发经费中的比重远低
于发达国家,这是制约我国向新兴技术和前沿技术迈进的重要因素,必
须引起全社会的高度重视。

目前,我国的重大装备技术已经获得长足的进步和突破,但与发达
国家相比差距仍然比较大。第一是具有独立品牌和自主知识产权的技术
和产品较少,据海关数据,我国每年花费在重大技术装备的进口资金高
达 3000 亿美元,90% 的数控系统和高档数控机床需要进口来满足。第
二是关键部件发展滞后,主机面临空壳化发展。如跟泵阀等核电相关的
高端液压件都是依赖进口,主机的发展受制于关键零部件的发展。第三
是缺乏拥有国际竞争力的大企业集团。如在我国国内产业集中度比较
高,国际竞争力也比较强的发电行业,即使是国内龙头企业,在规模和
技术创新能力方面,与欧美大集团都相差很大。

在不同的技术发展阶段,实现技术追赶的难度不同,政府的作用也
不一样。在跟踪模仿阶段,市场和技术都比较成熟,是可预见的,政府
可以通过计划、规划去引导科研经费的投入方向,引进技术消化吸收。
目前,我国从跟踪模仿逐步成为并行者,部分领域进入世界技术前沿,
此时,技术路线和市场的不确定性增强,政府难以通过计划、规划确定
未来的发展方向,应将支持重点放在对前期的研发环节,并做好后续的

示范和推广。

（五）全球投资、贸易秩序新格局的挑战

未来一段时间，将是欧美等国家加速推进全球贸易、投资秩序新格局的时期。2016 年 2 月 4 日，美国、日本、澳大利亚、文莱、加拿大、智利、马来西亚、墨西哥、新西兰、秘鲁、新加坡和越南 12 个国家在奥克兰正式签署了跨太平洋伙伴关系协定（TPP）协议。TPP 跨越太平洋地区，12 个国家的经济总量为全球的 40%，贸易总量为全球的 25%，占中国贸易的 33%。

2013 年美国与欧盟积极筹划跨大西洋贸易与投资伙伴关系（TTIP），以重塑国际贸易标准，推动美国出口倍增，加快美国经济复苏。TTIP 涵盖欧美两大经济体，占全球经济总量近一半，占高收入国家经济总量的 67%。TTIP 包含了除金砖五国之外的其他主要经济体，包括全球前六大进口国中的五个和十大出口国中的五个。

TPP 和 TTIP 将对制造业世界竞争格局变动产生深远的影响：一是 TPP 和 TTIP 有可能通过技术贸易壁垒、动植物卫生检疫、知识产权、安全标准、竞争政策、政府采购、争端解决，以及有关劳工和环境保护的规定等一系列非关税壁垒为我国制造业融入世界贸易、投资格局带来阻碍。二是 TPP 将形成亚太地区新的区域合作竞争机制，TPP 内的免除关税和"原产地规则"将改变贸易流向和结构，加剧发展中国家之间的低成本恶性竞争，投资和贸易格局将由此发生重大变动，我国原有的成本比较优势产业尤其是制造业将受到较大挑战。

（六）发达国家再工业化的挑战

金融危机后，发达国家纷纷实施"再工业化"和"制造业回流"，发达国家"再工业化"不同于以往工业化之处在于，适应新工业革命的要求，以信息技术和先进制造技术融合为依托，培育新兴产业和改造

传统产业,是在新技术、新观念和新革命背景下传统制造业的转型升级。因而,发达国家的再工业化战略一方面将对我国新兴产业的发展带来严峻挑战,另一方面则会削弱中国传统产业的竞争优势,并对我国传统产业的转型升级带来巨大压力。

新兴产业必须有足以支撑发展的新技术和市场需求才能取得快速发展。发达国家尤其是美国储备了大量新兴产业发展所需的基础知识和通用技术,并加快了在新材料、信息技术、生物制药、节能环保和新能源等新兴产业领域的战略部署。由于新兴产业发展初期的投入大、产出不明显,发达国家可以凭借其完善的技术创新体系、发达的投融资机制、灵活的市场机制和成熟的消费市场赢得快速和领先发展,因此新兴产业首先会向发达国家布局,这对发展中国家,尤其是我国制造业的研发、设计、品牌、营销以及核心技术等方面形成严峻挑战。再工业化使整个制造产业向产业价值链的高端升级,我国所承担的本来就处于价值链低端的制造外包环节的相对价值将更加被削弱。发达国家的再工业化战略,还会强化其在传统产业技术方面的领先优势与价值链上的主导地位,削弱我国既有的传统的比较劳动成本优势,客观上会对中国传统制造业升级形成压制。同时,发达国家还加快对传统制造业的低碳化、数字化和智能化的技术升级,并在技术标准、绿色标准和国际贸易规则上做文章,试图进一步削弱我国传统产业的成本优势。

(七) 其他发展中国家加快推进工业化进程的压力

中国制造业在传统低端领域遭遇了来自其他新兴市场国家更低的制造成本的严峻挑战。例如越南等其他新兴市场国家也正在通过积极参与全球价值链生产来带动本国经济发展。中国相对于印度、印度尼西亚及越南等新兴制造业国家失去相对优势。中国制造业的劳动报酬在 2004 年超过印度尼西亚和印度,2008 年又超过菲律宾和墨西哥。我国制造业劳动力成本高于这些国家的趋势将在未来几年内被逐步扩大,原因来自于这些新兴国家的薪酬增长因劳动力供给充足而一直维持在低速水平。据预测,中国制造业劳动力成本将在 2019 年分别达到越南劳动力成本的 177% 及印度的 218%,而这一对比数据在 2012 年分别是 147% 及 138%。[①]

由于更低生产成本的吸引,发达国家制造业开始加速向越南、墨西哥、印度与东欧等国家和地区转移。伊藤洋华堂已计划将 75% 的在华产能转移至泰国等东南亚国家,爱世克斯和水野也降低了在华运动鞋等运动用品的生产比例,同时扩大在越南、印尼的生产规模。发达国家原来在中国投资的服装、玩具、照相机、笔记本和石油化工等制造业产业开始加速向越南等国转移。如果中国仍旧没有建立起新的竞争优势,在原有低成本竞争优势逐步丧失的情况下,这种转移会一直持续下去,我国很有可能在没有实现制造强国情况下产生"制造业空心化",进一步还会丧失原有的制造大国地位。此外,新兴经济体也正在积极做出战略部署,谋求新兴产业发展与传统产业升级,这也使得中国在寻求产业升级的道路上面临更为激烈的竞争。

---

① 经济学人智库(The EIU):《优势依旧——中国制造业劳动力成本分析》,2015 年。

第六章

促进制造业发展的重点
任务与政策安排

《中国制造 2025》作为中国制造强国战略的第一个十年行动纲领，制定了未来十年促进中国制造业发展的重点任务与政策安排。《中国制造 2025》提出的重点任务有九项，均针对制造业转型升级的关键领域，意图全面提高中国制造业发展的质量与核心竞争力。围绕这九项重点任务，《中国制造 2025》提出了八个方面的政策安排（战略支撑与保障）。《中国制造 2025》的重点任务并不仅仅是为了解决产业发展中出现的短期困难，而是着眼于在新的环境下，从根本上提升中国制造业的核心能力与国际竞争力；其政策安排在行业准入、金融、财税、监管、服务体系等各个方面都较以往的产业政策有较大调整和突破。但是，《中国制造 2025》对于长期制约中国发展成为制造强国的一些根本性约束仍未触及，并且从选择性产业政策体系向功能型产业政策体系的改革仍然不够彻底，中国制造强国战略的重点任务和政策体系仍有进一步调整完善的空间。

一　促进制造业发展的重点任务

（一）《中国制造 2025》的重点任务[①]

《中国制造 2025》指出为实现制造强国目标，必须坚持问题导向，

[①]　该部分内容引自《中国制造 2025》，详见《国务院关于印发〈中国制造 2025〉的通知》，国发〔2015〕28 号。

统筹谋划，突出重点，并提出了九个方面的战略任务和重点。

1. 提高国家制造业创新能力

《中国制造2025》指出，完善以企业为主体、市场为导向、政产学研用相结合的制造业创新体系。围绕产业链部署创新链，围绕创新链配置资源链，加强关键核心技术攻关，加速科技成果产业化，提高关键环节和重点领域的创新能力。一是加强关键核心技术研发，二是提高创新设计能力，三是推进科技成果产业化，四是完善国家制造业创新体系，五是加强标准体系建设，六是强化知识产权运用。

2. 推进信息化与工业化深度融合

《中国制造2025》将推进信息化与工业化深度融合作为中国制造强国战略的一项重要任务，指出应加快推动新一代信息技术与制造技术融合发展，把智能制造作为两化深度融合的主攻方向；着力发展智能装备和智能产品，推进生产过程智能化，培育新型生产方式，全面提升企业研发、生产、管理和服务的智能化水平。《中国制造2025》提出从以下五个方面推进信息化与工业化的深度融合：一是研究制定智能制造发展战略，二是加快发展智能制造装备和产品，三是推进制造过程智能化，四是深化互联网在制造领域的应用，五是加强互联网基础设施建设。

3. 强化工业基础能力

《中国制造2025》高度重视工业基础能力的提升，明确提出，核心基础零部件（元器件）、先进基础工艺、关键基础材料和产业技术基础（以下统称"四基"）等工业基础能力薄弱，是制约我国制造业创新发展和质量提升的症结所在。要坚持问题导向、产需结合、协同创新、重点突破的原则，着力破解制约重点产业发展的瓶颈。《中国制造2025》提出从以下几个方面强化工业基础能力：一是统筹推进"四基"发展，二是加强"四基"创新能力建设，三是推动整机企业和"四基"企业协同发展。

4. 加强质量品牌建设

《中国制造 2025》将质量优先作为战略思路，并将加强品牌建设作为其重点任务。《中国制造 2025》指出，提升质量控制技术，完善质量管理机制，夯实质量发展基础，优化质量发展环境，努力实现制造业质量大幅提升。鼓励企业追求卓越品质，形成具有自主知识产权的名牌产品，不断提升企业品牌价值和中国制造整体形象。并提出从以下五个方面加强质量品牌建设：一是推广先进质量管理技术和方法，二是加快提升产品质量，三是完善质量监管体系，四是夯实质量发展基础，五是推进制造业品牌建设。

5. 全面推行绿色制造

《中国制造 2025》指出，应加大先进节能环保技术、工艺和装备的研发力度，加快制造业绿色改造升级；积极推行低碳化、循环化和集约化，提高制造业资源利用效率；强化产品全生命周期绿色管理，努力构建高效、清洁、低碳、循环的绿色制造体系。《中国制造 2025》进一步提出，应从以下几个方面推进绿色制造：一是加快制造业绿色改造升级，二是推进资源高效循环利用，三是积极构建绿色制造体系。

6. 大力推动重点领域突破进展

《中国制造 2025》瞄准新一代信息技术、高端装备、新材料、生物医药等战略重点，引导社会各类资源集聚，推动优势和战略产业快速发展。《中国制造 2025》将以下 10 个领域作为重点突破口：（1）新一代信息技术产业，其中包括集成电路及专用装备、信息通信设备、操作系统及工业软件；（2）高档数控机床和机器人；（3）航空航天装备；（4）海洋工程装备及高技术船舶；（5）先进轨道交通装备；（6）节能与新能源汽车；（7）电力装备；（8）农机装备；（9）新材料；（10）生物医药及高性能医疗器械。

7. 深入推进制造业结构调整

《中国制造 2025》将深入推进制造业结构调整作为一项重要任

务，并进一步提出，推动传统产业向中高端迈进，逐步化解过剩产能，促进大企业与中小企业协调发展，进一步优化制造业布局。《中国制造2025》指出持续深入推进制造业结构调整应从以下四个方面着手：一是推进企业技术改造，二是稳步化解产能过剩矛盾，三是促进大中小企业协调发展，四是优化制造业发展布局。

8. 积极发展服务型制造和生产性服务业

《中国制造2025》将积极发展服务型制造和生产性服务业作为促进制造业转型发展的重要手段，提出加快制造与服务的协同发展，推动商业模式创新和业态创新，促进生产型制造向服务型制造转变。大力发展与制造业紧密相关的生产性服务业，推动服务功能区和服务平台建设。具体而言应从以下几个方面着手：一是推动发展服务型制造，二是加快生产性服务业发展，三是强化服务功能区和公共服务平台建设。

9. 提高制造业国际化发展水平

《中国制造2025》指出，制造业转型发展应统筹利用两种资源、两个市场，实行更加积极的开放战略，将引进来与走出去更好结合，拓展新的开放领域和空间，提升国际合作的水平和层次，推动重点产业国际化布局，引导企业提高国际竞争力。具体而言应从以下几个方面入手：一是提高利用外资与国际合作水平；二是提升跨国经营能力和国际竞争力；三是深化产业国际合作，加快企业走出去。

（二）重点任务的调整、补充和完善

中国实施制造强国战略，还应重视以下两个方面的重要内容：

1. 建立现代产业体系

制造业结构调作为一种制造业发展战略，其有效性（即"结构红利"）会随着发展水平的提升而趋于弱化。造成这种状况的原因是随着制造业主导产业的地位日益巩固，通过资源在制造业不同产业间再配置提升总体生产效率的空间越来越小，制造业的主要动力会由产业间配置效率向产业内动态效率转变。根据目前的情况,当前中国制造业主导产业面临土地、环境等方面的约束,因此,通过完善现代产业体系,进一步提高既有产业的生产效率和产业竞争力,从而实现内涵式增长,成为中国制造业可持续发展的必然出路。在这种情况下,制造强国战略不仅要重视推进制造业结构的调整,更要注重构建和完善现代产业体系。①

2. 完善产业生态

过去我国在传统产业领域的产业组织政策主要以形成大规模企业、促进市场集中作为主要的政策目标。这种产业组织政策基本逻辑是:产业发展需要充分利用大规模生产方式所带来的规模经济与范围经济,但是政府的金融与科技资源有限,因而需要向少数拥有规模经济性的大企业集中。这一政策逻辑与依据本身是存在严重质疑的(江飞涛、李晓萍,2010)。更为重要的是,借助互联网新兴技术范式能快速传播,这将使得大企业不再是承载产业竞争力的唯一主体。首先,下一代信息技术尤其是云计算技术的发展使得企业可以更多地将信息处理功能外包给第三方信息服务企业,数据挖掘技术的快速发展与数据服务模式不断创新,地处偏远的小微企业也能以很低的成本获取较强的数据存储能力和计算能力。与此同时,新兴制造技术的发展正在不断提高分散化、小型化经营的经济性。3D打印技术的发展大大降低了个性化制造的成本,网络开放社区的发展将大大降低小规模制造的技术门槛,大大促进微制造、个人创业等极为分散的生产组织方式的发展。其次,产业组织结构正向网络化与平台化的方向发展。制造技术的融合以及制造业的服务化,使得不同的产业链之间相互交织,形成多维、复杂、开放的网络结构,这就很难从中识别、判定出对于产业长期竞争力产生影响的核心资源位置所在。在这种情况下,不是某个企业或某项核心技术决定了产业的竞争力,

① 贺俊、吕铁:《从产业结构到现代产业体系:继承、批判与拓展》,《中国人民大学学报》2015年第2期。

而是整个产业生态系统的质量决定了整个产业的生命力和竞争力。在这种情形下，具有独特技术能力与优势的小微企业和高技术创业企业的重要性凸显出来。一方面，这些（小微与创业）企业的技术能力构成大企业技术优势的重要支撑；另一方面，也是更为重要的一方面，这些小微企业群体保证了技术多样性，从而维持了整个产业技术创新生态系统的活力与动态性（贺俊、吕铁，2015；黄群慧、贺俊，2013[①]）。因而，中国制造强国战略应尤为重视构建良好的产业生态环境。

二　促进制造业发展的政策安排

（一）《中国制造 2025》战略支撑与保障[②]

《中国制造 2025》指出，建设制造强国，必须发挥制度优势，动员各方面力量，进一步深化改革，完善政策措施，建立灵活高效的实施机制，营造良好环境；必须培育创新文化和中国特色制造文化，推动制造业由大变强。制造强国战略从八个方面提出了制造强国战略的政策安排。

1. 深化体制机制改革

全面推进依法行政，加快转变政府职能，创新政府管理方式，加强制造业发展战略、规划、政策、标准等制定和实施，强化行业自律和公共服务能力建设，提高产业治理水平。简政放权，深化行政审批制度改革，规范审批事项，简化程序，明确时限；适时修订政府核准的投资项目目录，落实企业投资主体地位。完善政、产、学、研、用协同创新机制，改革技术创新管理体制机制和项目经费分配、成果评价和转化机

---

① 黄群慧、贺俊：《"第三次工业革命"与"制造业服务化"背景下的中国工业化进程》，《全球化》2013 年第 11 期。

② 该部分内容引自《中国制造 2025》，详见《国务院关于印发〈中国制造 2025〉的通知》，国发〔2015〕28 号。

制，促进科技成果资本化、产业化，激发制造业创新活力。加快生产要素价格市场化改革，完善主要由市场决定价格的机制，合理配置公共资源；推行节能量、碳排放权、排污权、水权交易制度改革，加快资源税从价计征，推动环境保护费改税。深化国有企业改革，完善公司治理结构，有序发展混合所有制经济，进一步破除各种形式的行业垄断，取消对非公有制经济的不合理限制。稳步推进国防科技工业改革，推动军民融合深度发展。健全产业安全审查机制和法规体系，加强关系国民经济命脉和国家安全的制造业重要领域投融资、并购重组、招标采购等方面的安全审查。

2. 营造公平竞争市场环境

深化市场准入制度改革，实施负面清单管理，加强事中事后监管，全面清理和废止不利于全国统一市场建设的政策措施。实施科学规范的行业准入制度，制定和完善制造业节能节地节水、环保、技术、安全等准入标准，加强对国家强制性标准实施的监督检查，统一执法，以市场化手段引导企业进行结构调整和转型升级。切实加强监管，打击制售假冒伪劣行为，严厉惩处市场垄断和不正当竞争行为，为企业创造良好生产经营环境。加快发展技术市场，健全知识产权创造、运用、管理、保护机制。完善淘汰落后产能工作涉及的职工安置、债务清偿、企业转产等政策措施，健全市场退出机制。进一步减轻企业负担，实施涉企收费清单制度，建立全国涉企收费项目库，取缔各种不合理收费和摊派，加强监督检查和问责。推进制造业企业信用体系建设，建设中国制造信用数据库，建立健全企业信用动态评价、守信激励和失信惩戒机制。强化企业社会责任建设，推行企业产品标准、质量、安全自我声明和监督制度。

3. 完善金融扶持政策

深化金融领域改革，拓宽制造业融资渠道，降低融资成本。积极发挥政策性金融、开发性金融和商业金融的优势，加大对新一代信息技术、高端装备、新材料等重点领域的支持力度。支持中国进出口银行在业务范围内加大对制造业走出去的服务力度，鼓励国家开发银行增加对制造业企业的贷款投放，引导金融机构创新符合制造业企业特点的产品和业务。健全多层次资本市场，推动区域性股权市场规范发展，支持符合条件的制造业企业在境内外上市融资、发行各类债务融资工具。引导风险投资、私募股权投资等支持制造业企业创新发展。鼓励符合条件的制造业贷款和租赁资产开展证券化试点。支持重点领域大型制造业企业集团开展产融结合试点，通过融资租赁方式促进制造业转型升级。探索开发适合制造业发展的保险产品和服务，鼓励发展贷款保证保险和信用保险业务。在风险可控和商业可持续的前提下，通过内保外贷、外汇及人民币贷款、债权融资、股权融资等方式，加大对制造业企业在境外开展资源勘探开发、设立研发中心和高技术企业以及收购兼并等的支持力度。

4. 加大财税政策支持力度

充分利用现有渠道，加强财政资金对制造业的支持，重点投向智能制造、"四基"发展、高端装备等制造业转型升级的关键领域，为制造业发展创造良好政策环境。运用政府和社会资本合作（PPP）模式，引导社会资本参与制造业重大项目建设、企业技术改造和关键基础设施建设。创新财政资金支持方式，逐步从"补建设"向"补运营"转变，提高财政资金使用效益。深化科技计划（专项、基金等）管理改革，支持制造业重点领域科技研发和示范应用，促进制造业技术创新、转型升级和结构布局调整。完善和落实支持创新的政府采购政策，推动制造业创新产品的研发和规模化应用。落实和完善使用首台（套）重大技术装备等鼓励政策，健全研制、使用单位在产品创新、增值服务和示范应用等环节的激励约束机制。实施有利于制造业转型升级的税收政策，推进增值税改革，完善企业研发费用计核方法，切实减轻制造业企业税收负担。

5. 健全多层次人才培养体系

加强制造业人才发展统筹规划和分类指导，组织实施制造业人才培养计划，加大专业技术人才、经营管理人才和技能人才的培养力度，完善从研发、转化、生产到管理的人才培养体系。以提高现代经营管理水平和企业竞争力为核心，实施企业经营管理人才素质提升工程和国家中小企业银河培训工程，培养造就一批优秀企业家和高水平经营管理人才。以高层次、急需紧缺专业技术人才和创新型人才为重点，实施专业技术人才知识更新工程和先进制造卓越工程师培养计划，在高等学校建设一批工程创新训练中心，打造高素质专业技术人才队伍。强化职业教育和技能培训，引导一批普通本科高等学校向应用技术类高等学校转型，建立一批实训基地，开展现代学徒制试点示范，形成一支门类齐全、技艺精湛的技术技能人才队伍。鼓励企业与学校合作，培养制造业急需的科研人员、技术技能人才与复合型人才，深化相关领域工程博士、硕士专业学位研究生招生和培养模式改革，积极推进产、学、研结合。加强产业人才需求预测，完善各类人才信息库，构建产业人才水平评价制度和信息发布平台。建立人才激励机制，加大对优秀人才的表彰和奖励力度。建立完善制造业人才服务机构，健全人才流动和使用的体制机制。采取多种形式选拔各类优秀人才重点是专业技术人才到国外学习培训，探索建立国际培训基地。加大制造业引智力度，引进领军人才和紧缺人才。

6. 完善中小微企业政策

落实和完善支持小微企业发展的财税优惠政策，优化中小企业发展专项资金使用重点和方式。发挥财政资金杠杆作用，吸引社会资本，加快设立国家中小企业发展基金。支持符合条件的民营资本依法设立中小型银行等金融机构，鼓励商业银行加大小微企业金融服务专营机构建设力度，建立完善小微企业融资担保体系，创新产品和服务。加快构建中小微企业征信体系，积极发展面向小微企业的融资租赁、知识产权质押贷款、信用保险保单质押贷款等。建设完善中小企业创业基地，引导各类创业投资基金投资小微企业。鼓励大学、科研院所、工程中心等对中小企业开放共享各种实（试）验设施。加强中小微企业综合服务体系建设，完善中小微企业公共服务平台网络，建立信息互联互通机制，为中小微企业提供创业、创新、融资、咨询、培训、人才等专业化服务。

7. 进一步扩大制造业对外开放

深化外商投资管理体制改革，建立外商投资准入前国民待遇加负面清单管理机制，落实备案为主、核准为辅的管理模式，营造稳定、透明、可预期的营商环境。全面深化外汇管理、海关监管、检验检疫管理改革，提高贸易投资便利化水平。进一步放宽市场准入，修订钢铁、化工、船舶等产业政策，支持制造业企业通过委托开发、专利授权、众包众创等方式引进先进技术和高端人才，推动利用外资由重点引进技术、资金、设备向合资合作开发、对外并购及引进领军人才转变。加强对外投资立法，强化制造业企业走出去法律保障，规范企业境外经营行为，维护企业合法权益。探索利用产业基金、国有资本收益等渠道支持高铁、电力装备、汽车、工程施工等装备和优势产能走出去，实施海外投资并购。加快制造业走出去支撑服务机构建设和水平提升，建立制造业对外投资公共服务平台和出口产品技术性贸易服务平台，完善应对贸易摩擦和境外投资重大事项预警协调机制。

8. 健全组织实施机制

成立国家制造强国建设领导小组，由国务院领导同志担任组长，成员由国务院相关部门和单位负责同志担任。领导小组主要职责是：统筹协调制造强国建设全局性工作，审议重大规划、重大政策、重大工程专项、重大问题和重要工作安排，加强战略谋划，指导部门、地方开展工作。领导小组办公室设在工业和信息化部，承担领导小组日常工作。设立制造强国建设战略咨询委员会，研究制造业发展的前瞻性、战略性重大问题，对制造业重大决策提供咨询评估。支持包括社会智库、企业智库在内的多层次、多领域、多形态的中国特色新型智库建设，为制造强国建设提供强大智力支持。建立《中国制造 2025》任务落实情况督促检查和第三方评价机制，完善统计监测、绩效评估、动态调整和监督考核机制。建立《中国制造 2025》中期评估机制，适时对目标任务进行必要调整。

（二）调整和完善促进制造业发展的政策体系

1. 以功能型产业政策促进制造业发展

《中国制造 2025》的产业政策安排在弱化政策干预方面做出了重要的努力，但是仍具有比较强的选择性产业政策的特征。对于当前的中国而言，在经济新常态与新工业革命的背景下，摒弃选择性产业政策的政策模式，转为实施功能型产业政策对于制造强国战略的落实具有更为重要的价值和意义。

构建功能型产业政策的关键在于理顺市场与政府关系。中国经济已进入新常态，随着工业发展水平向技术前沿逼近，消费需求呈现越来越显著的个性化、多样化特征，中国工业发展面临技术路线、产品、市场、商业模式等方面的高度不确定性，任何机构和个人（包括政府和单个企业）都不可能准确预测何种产品、何种技术路线、哪家企业最后会成功，只有依靠众多企业的"分散试错"与市场的"优胜劣汰"的竞争选择过程，才能产生最后的成功者。产业结构调整与转型升级，必须充分发挥市场机制的决定性作用，无论是在技术路线选择、新产品的开发、产业化、商业化模式选择方面，还是在产业升级的方向、工业发展新的增长点方面都应该如此。而市场机制能否充分发挥其决定性作用，取决于政府是否能为之提供良好的市场经济制度框架。对于当前中国而言，构建功能型产业政策，就是要从政府替代市场、干预市场的政策模式，转到增进与扩展市场、弥补市场不足的政策模式上来。这一方面迫切需要政府简政放权，大幅度减少对于微观经济活动的干预；另一方面迫切需要政府全面深化经济体制改革，构建完善市场经济制度体系与创造良好的市场环境，并在"市场失灵"领域积极作为，弥补市场的不足，这包括构建完善的市场制度体系，创造公平竞争的市场环境，提供良好公共服务、建设和完善基础设施、支持基础科学研究、促进技术创新与技术转移、加强节能减排与安全生产监管。

构建和实施功能型产业政策，应主要包括三个方面的内容：第一，放松政府管制，退出选择性产业政策，清除（除生态环境、生产安全领域以外）所有政府对微观经济不必要的直接干预，放弃政府试图主导产业发展与资源配置方向的做法；第二，建立健全市场制度，构建统一开放、公平竞争的现代市场体系，强化保持市场良好运行的各项制度，以此约束企业不正当竞争、不公平竞争及其他不当行为，充分发挥市场的优胜劣汰机制，激励企业提升效率、根据消费者需要改进企业生产经营质量与功能以及企业的创新行为；第三，创新、环保等市场机制存在不足的领域，在尊重市场机制、不扭曲市场机制、不扭曲市场主体行为的基础上积极作为，补充市场机制的不足，而不是代替市场去主导资源配置。

构筑和实施功能型产业政策，应尤为重视激励与促进创新。创新是产业发展的原动力，是产业结构调整与转型升级的关键所在，也是应对新一轮科技革命与产业变革所带来挑战的关键所在。构筑功能型产业政策体系，应构建有利于创新的市场环境与制度体系，加快推动要素市场化改革，为新兴产业发展创造公平竞争的市场环境，建立完善的知识产权制度和知识产权执法体制，为科技服务机构发展提供良好的环境与政策。在促进创新时，政府还应补充市场机制的不足，积极支持科学研究与通用技术研究，并提高公共科技投入的效率；加强国家共性技术公共研究平台、科技公共服务平台与技术转移中心的建设，构建多层次的创新人才与产业技术人才的培养体系。

2. 产业政策的调整、完善与细化

当前，我国在关键领域的改革相对滞后，在很大程度上成为我国迈向制造强国的重要障碍，实施制造强国战略首先要加快这些关键领域政策的调整、完善和细化。

（1）完善市场制度与市场环境

运行良好的市场经济体制是迄今为止促进制造业创新发展、质量与效率提升最有效的机制，我国迫切需要通过完善市场制度与市场环境来推动制造业转型发展。

第一，加快完善市场法制体系。市场经济的本质是法治经济，当前中国经济中面临的诸多问题，主要源于市场制度的基本法律及其执行机制不健全，中国迫切需要完善规范市场行为相应法律体系。需要加快修订《合同法》、《公司法》、《破产法》、《劳动法》、《环境保护法》、《消费者权益保护法》、《产品质量法》、《反不正当竞争法》等法律法规，并加快完善相应执法体制，加人对违法行为的惩处力度。完善知识产权保护相关法律制度与执行机制，以严格的法治保障建立起知识产权保护的长效机制。要尽快修改完善职务发明相关的法律规定，理顺职务发明人与其所属机构（单位）之间的责任、义务与相关利益分配关系，增强对于职务发明人职务创新活动的激励。

第二，加快要素市场改革。要改变在土地、矿产资源等重要资源配置方面由政府主导的局面，真正让市场在资源配置中发挥其决定性作用。加快推进我国土地制度改革，要明晰土地产权，确实保障公民在土地方面的相关合法权益不受到侵犯，改变地方政府垄断土地市场并以此牟利的体制，调整和改进国家在土地方面的公共管理职能，为土地产权的市场化创造必要条件。加快推进矿产资源、水资源、能源价格形成机制的市场化改革，使价格能充分反映资源稀缺程度与社会成本。

第三，完善环境保护体制。完善环境公众参与制度的法律设计，在宪法、环保基本法、单项法规中明确公民环境权的内容，通过立法明确公众参与环境保护的权利，促进环保团体的发展，积极发挥民间环保团体的作用。加快完善环境公益诉讼制度，要使环境能得到有效、及时的保护，对公众和个人的环境权益要进行全面周到的法律救济和维护。加快环境保护的执法体制改革，以保障环境保护法能得到严格执行。尽快建立全国性的企业污染排放在线监测网络和遥感监测网络，强化环境监管。推进有关资源、环境方面的税收制度改革，要将资源、环境方面的成本纳入企业的成本中。

（2）建立公平竞争的市场环境

公平竞争是市场优胜劣汰、协调供需机制、激励企业创新、提高效率，进而促进产业结构调整升级机制能充分发挥其作用的基础所在，需注重建设公平竞争市场环境。

第一，调整产业政策取向。当前中国产业政策具有典型的选择性产业政策特征，即选择特定大企业进行扶持并限制小企业的发展，选择特定的产业、特定的企业，甚至特定的技术路线、特定的产品进行扶持或者限制，这种产业政策模式严重影响市场竞争的公平性，市场优胜劣汰的竞争机制难以充分发挥作用，同时使得企业更热衷于寻求政策支持与扩大规模，而在创新方面却缺乏足够压力和动力，这极不利于制造企业乃至整个制造业的创新发展与国际竞争力提升。因而，建设公平竞争的市场环境，首先必须对当前产业政策进行重大调整，放弃以"扶持大企业限制小企业"为取向的选择性产业政策模式，而将政策的重点转到"放松管制与维护公平竞争"上来。

第二，公平市场准入。首先要去除市场准入中的企业规模与所有制歧视，让不同规模、不同所有制企业具有公平进入市场的权利。坚持"非禁即准、平等待遇"的原则，取消不必要的准入标准，例如企业规模、投资规模、技术标准等，消除中小企业在市场进入上的限制性条件；将准入管理局限在生态与环境保护、产品与生产安全、劳工权益保护方面；消除一些行业和领域存在的隐性市场进入壁垒，例如政策影响力、指定采购、资源和要素的原始占有、在位企业战略性阻止行为等。
在政府采购、企业登记、土地使用、申请立项、税收收费标准、财政补
贴等方面，不同规模、不同所有制企业应享受同等政策待遇。

　　第三，制定系统、完善的公平竞争法，切实保障各种所有制企业公
平参与市场竞争、依法平等使用生产要素、同等受到法律保护，要严格
约束地方保护，防止地方政府为本地企业提供有损公平竞争的各类优惠
与补贴政策。同时还要修订相关法律法规，加强劳动者权益、消费者权
益与公众利益的保护，加大违法行为的惩处力度，禁止企业采用破坏环
境、损害劳动者权益与消费者权益的方式进行不正当竞争。

　　第四，完善反垄断法律及其执行机制。我国的《反垄断法》虽然
已颁布实施多年，但很多法律条文表述过于抽象，缺乏可操作性。国务
院反垄断委员会应加快组织制定《反垄断法》的实施细则与指南，并
充分考虑到《反垄断法》与《反不正当竞争法》之间协调问题，考虑
竞争政策的国际协调问题。而在反垄断执法体制改革方面，建议在现有
基础上，成立专业、独立、权威高效、责权统一的反垄断执法机构，并
以此作为执行竞争政策的主体。新机构可依然称为"国务院反垄断委
员会"，并下设多个实体机构，这些机构不再分设在不同的部门，而是
直属于反垄断委员会。

　　第五，加快垄断行业改革。首先要打破行政性垄断，并在自然垄断
行业中的可竞争性环节引入市场竞争机制。在涉及国家安全及其他少数
公共产品与公共服务等需要保留行政性垄断的行业中，应适当放宽对准
入的管制，保障各类经济主体获得平等的市场准入机会，并在可竞争环
节引入竞争。在其他处于行政性垄断的行业部门都要打破垄断、放松管
制甚至取消管制，全面引入竞争，创造开放、公平、透明的竞争环境与
竞争格局。在自然垄断行业，根据其行业技术经济特征，加快垄断行业
改革。例如：铁路运输行业实施政企分开，鼓励其他企业开展铁路投资
与经营，并可考虑实施"网运分离"，在运输市场引入竞争；电力行业

方面在发电和售电市场引入竞争，对于输配电网络环节加强监管；水务和燃气等城市公用事业可在竞争经营权获取环节引入特许权招标等竞争机制。

（3）为制造业转型发展创造良好的金融市场

近年来，金融市场体系与市场主体发育不完全，资本价格扭曲与资本配置效率低下，长期低利率政策甚至负利率政策带来严重的资产泡沫化、产业资本空心化等问题，对于制造业创新发展与竞争力提升产生了极为不利的影响。实施制造强国战略，必须调整和完善金融政策，让金融体系更好地为实体经济尤其是制造业的发展服务，为制造业的转型发展创造良好的金融环境。

第一，积极稳妥地推进利率市场化进程。首先要进一步扩大存贷款利率的浮动区间；逐渐减少受监管贷款利率期限（品种）的数量，并最终只控制贷款基准利率；接着减少受监管的存款利率期限（品种）数量，长期存款利率应优先市场化，活期存款利率可以最晚市场化。逐步实现利率市场化，可以使利率能真正反映资金的供求关系、资金时间成本与风险成本，让投资者在借贷过程中承担真实的风险成本与资金成本。这一方面可以从根本上抑制粗放型、低效率的投资，抑制产能过剩，并提高资金使用效率；另一方面可以形成倒逼机制，迫使工业企业尤其是国有工业企业提高自身的生产效率和经营绩效。

第二，实施稳健的货币政策。中国长期以来实施极为宽松的货币政策，一方面长期压低存贷款基准利率，另一方面货币投放量长期快速增长。虽然这种货币政策支持了投资驱动型的增长模式，同时也付出了高昂的代价，导致资源的严重错配，资本的使用效率低下。近年来，长期宽松的货币政策导致了较为严重的资产价格泡沫和通货膨胀问题，并进而导致较为严重的产业资本空心化的问题，以及不断积累、日趋严重的金融风险，这非常不利于制造业长期健康发展。因此，中国应实施更为稳健的货币政策。此外，还应强化市场型和专业型的监管方式，及时释放投机性金融行为所积累的价格膨胀风险。否则，金融资本必将挤出产业资本，造成经济滞胀的严重后果。

第三，加快建立多层次、市场化的金融体系。在加强金融监管的同时，在坚持审慎性的原则下，消除不必要的审批与准入管制，推动建立多层次、多元化、市场化的金融体系。首先，在加强监管与坚持审慎性的原则下，逐步放开银行、信托等金融服务领域的准入管制，鼓励发展民间金融，发展区域性银行、社区银行。加快建立多层次资本市场，形成交易所、全国性股权转让市场、区域性场外市场及券商柜台场外市场三大层次，服务于国民经济发展多元化的需求以及多层次投资者差异化的投资需求。加快推进股票发行注册制改革，创业板可适当放宽对创新企业、成长型企业的财务准入要求，建立专门层次股权交易市场（场外交易市场），并实行不同的投资者适当性管理制度。此外，还应大力发展私募股权投资基金、创业投资基金和风险投资基金，拓宽资金来源渠道。

（4）优化财政与税收政策工具的运用

为更好地促进制造业转型发展，实施制造强国战略，应从以下几个方面调整和完善财政与税收政策：

第一，税收政策的调整和完善。

一是积极推进税收体制改革。积极推进"营改增"改革，从而有力推动生产性服务业的发展，间接为制造业的转型发展创造有利的外部条件。改革消费税，将污染重、能耗大的消费品纳入征收范围，并实行高税率。加快资源税改革，在石油、天然气、煤炭、所有矿产品从价计征改革及水资源税改革试点的基础上，逐步将森林、草场、滩涂等资源纳入征收范围，在将全部资源均纳入征税范围后，还需尽快立法，从法律层面保障其实施。开征独立的环境税，将目前与环境保护有关的收费项目改为税收，逐步将适用范围扩大到更多排放量大的污染物，税率设定遵循"先低后高"的原则。

二是调整优化现行优惠政策。应尽量消除税收优惠政策中的所有制取向；逐步取消以区域（尤其是园区）为主的税收优惠，代之以鼓励企业特定行为为主的税收优惠政策，包括鼓励企业的研发与创新、技术改造投资、环境保护与节能方面的投资以及促进新兴产业发展。这种优惠政策应该是一种普惠型的优惠政策，对于符合要求的企业，应简化税收优惠审批程序，切实落实税收优惠政策。调整优化税收优惠方式，更多采用加速折旧（例如环境保护、节能、技术改造投资等）、投资税收减免和提取风险基金、亏损结转、费用扣除等间接税收优惠方式，这种优惠方式具有很强的针对性，使用也比较灵活，其政策成本收益比较大，政策效率也比较高。长期以来，高新技术产业优惠政策的重点在其生产、销售环节，未来优惠政策的重点应调整为对其技术与产品的研究开发、技术转移环节。

第二，财政政策的调整和完善。

实施制造强国战略，需要在积极推进财政体制改革的基础上，重点调整和完善财政补贴政策。在财政体制改革方面，应调整分配结构特别是合理界定政府职能、理顺政府间财政关系、优化支出结构、强化预算管理、规范政府债务、推动地方财政透明化与民主化改革、健全信息系统等方面深入推进。调整和完善财政补贴政策则应从以下几个方面着手：

一是将选择性补贴转为普遍性补贴。当前，我国的财政补贴政策具有显著的选择性，即选择特定的产业、特定的技术路线、特定的企业进行补贴，这种政策模式往往因为政府缺乏足够的市场信息而扭曲市场竞争，尤其是在新兴产业领域，技术路线、胜出企业都面临非常大的不确定性，具体支持哪种技术路线、支持哪个企业存在诸多风险。所以，这种政策模式往往以失败告终。基于此考虑，中国产业政策补贴应由选择性补贴转为普遍性补贴。普遍性补贴不是针对特定的企业或者个人，而是面向所有企业或所有消费主体的补贴或优惠措施。

二是应将补贴的重点由生产环节转为研发与创新、消费环节。中国产业补贴政策尤其是新兴产业（高技术产业）补贴政策的重点主要放在供给端、放在产能投资与生产环节，这种政策模式导致这些产业的企业热衷于产能投资、扩大生产规模，却吝于技术的吸收、研发与创新方面的投资，导致部分新兴行业出现比较严重的产能过剩。因此，产业补贴政策应从对生产环节与产能投资的重点补贴转到对于企业研究开发行为的普遍性补贴，转到对消费者的补贴上来。对于消费者的补贴，可以通过影响消费者的决策促进相应产业市场需求的扩大，进而利用市场机制来促进产业层面和企业层面的创新、研发和发展。

三是控制补贴的范围和规模。在借鉴国外产业补贴经验、参考WTO补贴与反补贴规则的基础上，根据中国的实际情况，应将补贴范围尽可能控制在弥补市场的合理范围之内，明确产业补贴支出的主要方向，补贴的规模也应控制在合理的水平上。尤其是要取消WTO《补贴与反补贴协议》中绝对禁止使用的出口补贴和进口替代补贴。

四是规范补贴制度，提高补贴的透明度。强化产业补贴的各项法律、法规和制度建设，使其逐步走向法治化轨道。有关部门应完善相关补贴法律规范，明确规定在什么样条件下可以补贴、补贴金额多少、补贴发放（领取）的程序以及怎样规范和管理补贴，用公开、透明的制度来约束、保证补贴被合理使用。政府部门应建立从政策发布、补贴项目申报到审批以及验收的各个环节的公示与监督制度，减少财政补贴立项的"暗箱操作"。积极推行财政对企业直接补贴公示制度，对补贴企业的产品补贴、贷款补贴、税收补贴、基地建设补贴等补贴资金进行全方位公示，发挥广大民众直接监督的作用。

第三，政府采购政策的调整和完善。

发达国家的经验表明，政府采购在促进新兴产业需求市场的形成、推动先进技术产业化方面具有重要作用。对于中国而言，政府采购应成为促进国内先进技术产业化、新兴产业发展的重要政策工具。当前，中国通过政府采购支持国内制造业发展与创新的政策还不健全，同时中国正在谈判加入《政府采购协议》（GPA），中国必须在 GPA 谈判中坚持适当的开放范围，并且完善我国政府采购制度与政策，充分利用 GPA 的例外条款，以实现支持本国制造业发展与创新等政策目标。

一是加快完善和实施《政府采购法实施条例》及相应制度。要求政府采购时在国产产品性能和国外产品相同或相近的情况下，在一定的差价范围内，优先购买本国产品。调整产品的国产标准，目前主要根据生产厂家注册地区分的标准过于宽泛，应借鉴美国标准，国产的一般标准定为本国增加值50%以上，个别行业如有必要还可以定得更高一些。对于中小企业、落后地区企业、首次出现的创新产品等特定对象，可以规定强制性采购的比例，或者差价优惠幅度更高一些。《自主创新产品政府首购和订购管理办法》符合 2012 年版 GPA 第 13 条相关规定，仍可实施，但该办法规定比较原则，应在深入研究的基础上进行细化，使之具有可操作性。

二是在 GPA 谈判中坚持适度开放的原则。我国已经就加入 GPA 出价四次。在谈判中，采购主体、客体、门槛价的设置均应坚持有利于我国的原则。我国第四次出价已经包括了部分省级地方政府，下一步谈判应坚持仅开放到省级政府，最多包括个别城市。欧洲国家和日本、韩国开放到了省级以下政府，但这些国家面积小、地方政府采购市场规模有限。国土面积大的国家中，加拿大只开放到省级政府。中央政府的采购门槛价各国基本一致，谈判余地不大，但地方政府的采购门槛价各国不尽相同，可以争取高一些。在采购主体范围问题上，应坚持国有企业不纳入 GPA 出价清单。

三是充分利用 GPA 例外条款，在 GPA 规则下保护本国产业和鼓励创新。在 GPA 规则下，还可以通过例外条款支持本国产业发展与创新，主要包括中小企业产品、国防采购、与健康等公共利益相关的领域、市场竞争前技术研发合同等。特别是对于中小企业，许多国家的政府采购法都对中小企业予以照顾，一方面是由于大企业比中小企业具有市场优势，另一方面许多创新产品是中小企业提供的，用到了国防、环保、健康等领域，对这些产品进行保护性采购，可有效鼓励创新。重要领域的竞争前技术，如应用基础研究、共性技术开发，可以采用政府订购的方式支持，其后续研发形成的产品，只要是首次进入市场，政府可以首购。

此外，为更为有效地使用政府采购政策工具，还应加强规范招标程序，增强程序的透明性，遏制政府采购中的腐败问题，大力推行电子化政府采购，完善政府采购的监督机制。

（5）完善创新环境与创新网络

要实现制造强国战略，关键是要实现制造业发展由要素投入驱动向创新与效率驱动的转变。中国的国家技术创新体系中，政府往往主导着创新资源的配置，而在构筑有利于激励技术创新的市场制度环境方面存在较大不足，这是当前推进创新驱动发展战略的重要障碍。实施创新驱动发展战略首先需要处理好政府与市场关系，即政府应尊重市场在激励创新、配置资源方面基础性作用，并为其提供完善的体制机制与良好的竞争环境；必须在尊重市场主体意愿及市场机制的基本前提下积极作为，在公共领域弥补市场的不足，为市场主体的创新活动、创新主体之间的合作与协调创造有利条件。

第一，完善激励创新的体制机制。我国实施制造业创新发展战略，首先要矫正体制机制中抑制创新的地方，构建和完善有利于激励创新的市场环境和体制机制，强化创新激励。与此相应，产业政策则应将重点定位在为制造业竞争能力与创新能力的提升创造良好的市场环境与体制机制。

第二，加强公共技术服务平台建设，提升服务质量与服务水平。建立全国性公共技术综合服务平台，这个服务平台应能集供需信息收集、信息咨询、技术咨询与技术服务、为企业寻求合作伙伴、交易项目的受理与评估、专利保护咨询等多种服务功能于一身，重点促进创新成果的转移与转化，并成为沟通官、产、学、研、用的重要桥梁。同时，应强化现有公共技术服务平台的考核与评估，促使其不断强化服务功能、提升其服务质量。这一方面需加大公共技术服务平台建设投入力度，积极鼓励各类协会、研究机构、企业参与平台建设，多渠道获取平台建设与运营经费；另一方面需进一步推动国家重点实验室、国家工程实验室、国家工程技术中心等开放运行及其科研设施的共享，支持各大高校、科研机构、大型企业的研发部门建立开放型的知识管理和技术服务平台，建立和完善公共科研数据的管理和共享机制，推进其科研数据共享的同时也增进其科技成果的推广。

第三，注重利用市场机制和中介机构的重要作用。政府在创新领域积极作为，弥补市场不足时，亦应注重尽可能不干预市场，尽可能利用市场的中介机构与市场机制：一是要改变选择特定的产品创新、工艺创新以及特定技术路线进行资助的科技政策模式，应转为对创新主体科研活动的普遍性支持，即便在重点资助领域，也不应替代市场选择特定的技术路线进行支持；二是在政策实施过程中，应尽可能采用服务采购、委托管理等形式，充分利用市场中的中介机构，发挥其机制灵活、高效的特征；三是要制定和实施促进中介机构健康发展的相应政策与制度，释放民间力量，提高市场在技术创新方面的自我协调和组织能力；四是要加快金融体制改革，放松准入管制，严格监管，建立多层次的金融市场体系，提升利用金融市场配置科技资源与促进科技创新的能力。

第四，进一步促进创新集群与创新联盟的发展。一是实施技术创新联盟计划，鼓励企业、高校、研究机构，通过合作在适宜创新的环境中结成以创新为目的的正式联合体；二是积极支持区域创新联盟利用自身总体优势形成创新区域；三是建立技术创新联盟网站，为海内外机构与个人及时了解创新、投资动态及寻求合作提供便捷的信息平台，为创新联盟交流经验提供现代化的网络通信手段；四是加大投入，积极支持高技术产业创新联盟建设，加快步伐缩小与发达国家在前沿技术方面的差距。

第五，设立中国的"先进制造伙伴计划"，促进"合作研发"。美国的"先进制造业伙伴计划"号召通过政府、行业和学术界的合作，提高美国在全球的竞争力，已成为美国研发和推广新技术的重要模式，这值得我国仿效。建议拟订"中国先进制造合作伙伴计划"，以此为框架并根据我国具体国情设立先进制造业研发与产业化合作项目，以此加快形成"资源共享、风险共担"的先进制造业技术创新和技术推广网络。对企业、科研机构等符合我国先进制造产业规划与相关政策重点支持的技术与产品研发、产品工程化与产业化等领域的合作项目提供资金资助。资助这些合作项目时可以采取准开放的资助方式，对于确实需要外国企业或者国际科研机构提供技术、硬件或市场等方面支持的项目，经过项目委员会审核批准，可以给予同等条件资助，但是合作研究项目形成的知识产权在一般情况下应归中国企业或中方科研机构所有。还可在合作计划的框架下建立"中国先进制造业技术与产业合作网"，为各类主体之间市场化、自愿的合作提供相关信息（吕铁、贺俊，2015）[1]。

第六，完善创新网络，促进各类创新主体通过合作形成优势互补。随着日益深入的技术融合和产业融合，发展先进制造业政策的重点是积极促进各类产业主体在技术创新和产业化方面的合作，实现风险共担和优势互补，形成良好的先进制造技术创新网络。纵观全球的技术创新组织，创新联盟与"合作研发"均是促进企业之间、产学研之间合作与资源共享并形成创新网络的重要组织形式。目前，我国地方政府和国家科技管理部门大力扶持技术联盟这种技术创新组织形式。但无论从理论还是从实践来看，合作研发这种以"双边合作"为主的合作形式，要较"创新联盟"这种以"多主体参与、多边合作"的形式运用更为灵

---

[1] 吕铁、贺俊：《"十三五"中国工业发展的新形势与政策调整》，《学习与探索》2015 年第 6 期。

活也更为广泛。因此，在完善我国创新网络时，应促进"合作研发"与创新联盟发展并举。[①]

（6）大力培养适应先进生产方式的产业技术人才与创新人才

先进制造技术研发人才、知识型员工、产业技术工人的缺乏，严重制约制造业转型发展与竞争力提升。因而，必须调整和完善人力资源政策，为实施制造业强国战略培养所需的不同层次的高素质人才。

第一，改革和完善我国职业教育体系。鼓励企业与学校合作培养高素质技能型人才，一是加大财政支持力度，并在法律层面为这种企业与学校紧密合作的职业教育模式提供制度保障；二是在宏观层面促进经济部门与教育部门的结合，企业积极性、个人积极性与国家积极型的结合，劳动市场与职业教育供给的结合；三是在办学与教学等微观层面促进企业与职业学校的结合、实践与理论的结合、工作与学习的结合。

第二，将职业教育与高等教育紧密结合培养实用型创新人才。积极探索政府引导、高校提供基础教育、应用型技术研究机构提供研发、创业方面实践指导的综合教育模式。这种模式以产业应用为导向而非以学术为导向，学生除了学习科研还要钻研市场。这种模式培养的学生，在毕业的时候，已具有技术专长和良好的商业技能，在一定程度上具备科技企业家素质。该模式培养的是研究型、管理型、创新型综合人才，而这正是推动科技创新急需的实用型创新人才。在这种教育模式的探索过程中，还应鼓励和支持专业技能优秀的学生创业，这种支持甚至包括技术和资金。

第三，加快创新型人才培养。一是鼓励企业与科研院所、国内外高校之间加强高层次创新人才的培训，同时支持高校、职业技术院校从制造业企业人才需求出发，调整学科和专业设置，培养专业化的现代制造

---

① 中国社会科学院工业经济研究所课题组：《第三次工业革命与北京制造战略转型》，2015年。

技术人才；二是加强人才引进，设立引进高层次人才专项资金，拓宽海外人才的引进渠道，加快高层次创新型人才、紧缺技术人才与技能型人才的引入，并为创新型人才充分施展其才能创造良好的环境。

（7）落实中小企业扶持政策，完善中小企业服务体系

充满活力的中小企业是推动技术创新的重要力量，主要制造业强国在其发展过程中，都不同程度地实施了中小企业政策。当前，中小企业政策仍是制造业强国维护和强化其制造业竞争优势的重要手段。例如：美国政府在其"再工业化"政策中，重点扶植小型制造企业的发展；日本则是为中小企业自主研发活动提供全面的支持；德国贯彻其重视中小企业发展的传统，全方位支持小企业技术进步与技术创新。近年来，我国"新三十六条"、"国九条"等国家帮扶中小企业的政策重拳又不断推出，但中小企业仍面临较为严重的现实困难。我国中小企业政策主要是扶持性和援助性政策，对于中小企业服务体系与服务功能的提升关注不足，难以满足中小企业转型和升级的需要。因而，当前亟须将中小企业扶持政策落到实处，并完善中小企业服务体系。

第一，切实解决中小企业融资难问题。一是可借鉴韩国模式，国家发展改革委、财政部、工业和信息化部可设立多项政策性基金，以借款形式为指定银行提供资金，银行只能将这些资金用于为中小企业提供贷款，地方政府也可成立类似于"地方中小企业培育基金"的专项基金用于为中小企业提供融资支持。二是设立中小企业银行，作为政府支持中小企业发展的政策性银行，该行应坚持商业银行的运作模式，用于中小企业的贷款必须超过全部贷款的固定比例（例如85%）。三是设立中小企业信用担保与风险补偿基金。政府部门与各金融机构共同出资建立中小企业信用保证基金，为具有较好发展潜力但抵押担保品不足的中小企业提供信用担保，协助这些企业获得金融机构的融资，并分担金融机构向中小企业提供融资带来的风险，提高金融机构为中小企业提供信用融资的规模。四是建立中小企业征信体系，并将软信息引入该征信体

系。建议以政府主导、联合金融机构、信用评级公司的方式，建立中小企业征信体系，并引入软信息以完善中小企业征信体系，将小微企业的硬信息、软信息与小微企业主身份认证、手机号码、银行账号、个人征信信息、企业融资还贷信息相互连接，实现政府、金融机构和企业的信息共享。

第二，借鉴发达国家"小企业创新研究"（Small Business Innovation Research，简称 SBIR）政策的经验，促进中小企业与高新技术创业企业发展。SBIR 项目是发达国家促进中小企业研发创新和产业化的比较通行政策工具，它的具体做法就是拿出部分国家科技研究经费，以政府资金资助形式来支持中小企业新技术的研究开发与产业化活动。我国应充分借鉴发达国家 SBIR 项目的经验，政府每年投入一定数量资金资助制造业中小企业技术创新、研发成果转化与产业化，以及支持商业化潜力较大的公共技术研发项目。[1]

第三，完善中小企业服务体系。首先，加快建设覆盖广泛、综合性、公益性的、专业的中小企业服务机构。以已有的中小企业服务中心（或促进会）为基础，设立省、市、县三级中小企业综合服务机构，以此为主体搭建服务信息综合管理平台，聘请各领域专家，强化智力支持。其次，充分发挥社会性团体的作用。建立中小企业综合服务机构与研究会、商会和协会等社会性团体的长效联系机制，充分调动相关社会团体的创造性和积极性，将社会性团体建设成为中小企业与公共服务平台对接的重要载体。再次，提升中小企业服务专业人才队伍素质。加强服务机构人员的专业素质培训，提升服务能力与质量，形成一批服务意识强、专业素质良好的中小企业服务队伍。[2]

---

[1] 卓丽洪、贺俊：《我国科技型中小企业创新发展的障碍与对策》，《中国经贸导刊》2015年第18期。

[2] 罗仲伟、贺俊、黄阳华：《中小企业政策需从基本思路上寻求突破》，《中国经贸》2012年第11期。

（8）对外开放政策的调整和完善

中国对外开放政策的重点要逐渐从促进"引进来"到鼓励"走出去"转变，尤其是鼓励企业走出去整合全球资源，提升国际竞争力以及在全球价值链中的地位。随着中国企业与国外技术领先企业技术差距的不断缩小，本土企业将越来越依赖通过主动走出去的方式，去融入发达国家的本土创新网络，进而逐渐积累创新能力与技术能力。并且，本土企业应关注国际高端市场，调整出口结构，高端市场可以为后发国家提供关键创新资源、重要的用户和更高产品附加值。

当前，必须完善鼓励本国企业"走出去"的政策体系。一是尽快制定《中国跨国公司法》、《对外投资法》和其他对外投资相关法规，构建完善的对外投资相关法律体系，改变中国本土企业从事国际化经营无法可依的局面。二是构建完善、便捷的境外投资管理体制机制。废除不适应现阶段形势发展的行政审批事项，减少审批环节与简化相关程序，进而逐步过渡到自动登记制度。组建海外投资综合管理机构，将外汇、税收、财政、计划和有关委办职能划归该机构统一协调管理，对境外投资实行全口径管理。三是改革调整外汇管理制度，尽可能缩短外汇汇出前的审核周期，切实提升企业海外资金运作和跨境投资的便利化水平。四是建立完善的对外投资服务体系。加强国别政治经济法律、产业投资市场与制度环境研究，通过设立公共信息服务平台，为企业提供充分、及时的信息和咨询服务；大力发展各类为境外投资提供优质服务的中介机构。五是加大支持企业走出去的金融支持。增加为企业海外投资提供服务的金融机构种类和数量，完善海外投资金融机构服务体系；大力支持为企业"走出去"提供服务的各类保险、担保和金融咨询机构；建立服务于企业"走出去"的各类基金，形成多类金融机构、基金和保险组织共同支持，政策性保险和商业性保险共同保障的金融服务体系，为企业在海外投资提供尽可能完善的各类金融服务。

"引进来"仍然是重要，但"引进来"的结构与重点需要优化调整。以往针对促进传统产业发展，"引进来"的重点是设备、资金和最终产品，虽然这些对于新兴产业的发展仍是重要的，但现代先进制造业发展最需要的是承载隐含知识和关键技术的人才。因此，未来我国"引进来"政策调整的重点是"进口人才和知识"而非进口设备和资金。

（9）政策实施机制的完善与调整

当前，中国工业产业政策以"发展规划"和"产业政策"二级政策体系为主要结构。这种政策框架存在的问题：一是发展规划主要着眼于五年以上的中长期发展，短期（例如年度）的发展思路和工作重点不明确，造成长期规划和短期政策的脱节；二是产业政策虽然规定了具体的政策措施，但由于每个产业政策涉及多个部门，其至跨部门的执行主体，因此政策实施效果往往大打折扣。以上两方面的因素造成在规划和政策之间缺"战略"、在政策下面缺"项目"的政策设计和实施问题。应充分借鉴国外成熟的产业政策体系框架，在行动计划之下设立专项的政策项目，构建"战略规划—行动计划—专项政策项目"三级产业政策体系。政策项目制是促进公共资源有效配置、提高政策执行效率的重要政策手段。这样做的好处是：一是政策的执行和落实有明确的责任人，权责清晰，便于监督执行；二是可以预先设定项目实施的关键点，便于有步骤、分阶段地推动政策的执行；三是上级管理部门可以根据政策的总体和阶段性目标对项目的执行情况进行考核，从而能有效评估政策的落实情况和实施效果。推广政策项目制，能大大提高政策的可操作性和效力，有效解决"有政策、无落实"的问题。

第七章

财税政策支持制造业发展存在的
主要问题及原因分析

一 财税政策支持制造业发展
存在的主要问题

根据国民经济行业分类,制造业包括食品制造、纺织、医药制造、通用设备制造、交通运输设备制造、电子设备制造等 31 个大类,其核心是装备制造业。装备制造业包括数控机床、工业机器人等重要的基础机械,仪器仪表、自动化控制系统等重要的机械、电子基础件,以及国民经济各部门、科学技术、军工所需的重大成套技术装备。装备制造业是为国民经济和国防建设提供生产技术装备的先进制造业,是制造业的高端部分,也是产业链中的核心环节,具有资本密集、技术密集、劳动密集的特征,附加价值高、带动效应强。装备制造业不仅有利于带动国民经济其他产业部门的发展,实现产业结构优化升级,而且有利于提高国防实力;不仅体现着一个国家的科学技术水平和国际竞争力,而且影响着现代化的进程。堪称国家之命脉。[①]

---

① 井崇任:《促进高端装备制造业发展的财税政策研究》,硕士学位论文,东北财经大学,2013 年。

装备制造业的典型特点表现为：发展初期高投入、发展中期高风险、发展后期高产出。所以为了能够顺利达到高产出阶段，尽可能地实现其经济效益和社会效益，需要在发展的初期和中期，尤其是在初期阶段，提供较为系统的财税政策支持。在我国对制造业财税政策支持方面，存在的问题大多集中在装备制造业领域。因此，尽管我国对制造业的财税支持政策存在着普遍性问题，但是本部分还是将把重点放在装备制造业领域，着重分析我国对装备制造业的财税支持政策所面临的问题。

（一）政府优先采购国产装备政策缺乏操作性和执行力

政府采购优先选用本国产品，是对国产装备进入市场的支持，是国家振兴制造业的重要举措，世界上大多数国家也都实施这一政策。然而中国在实际推行过程中，政府优先采购国产装备的政策缺乏操作性和执行力。

1. 缺乏保障执行的配套法规

回顾历史不难发现，中国曾经尝试以立法的形式保障执行政府优先采购国产装备政策，但最终结果却不尽如人意。

在 2003 年，《中华人民共和国政府采购法》正式实施，其第一章第十条规定"政府采购应当采购本国货物、工程和服务"，"本国货物、工程和服务的界定，依照国务院有关规定执行"。可见，现行法律对这一规定只是做出了原则上的要求，对于何谓"本国货物、工程和服务"等关键问题未做出实质性界定。而在 2015 年开始施行的《中华人民共和国政府采购法实施条例》中，更是已经找不到关于"国货优先"的条款了。这种情况之下，空有政策意愿，却缺少具体规则，使在实际中的操作不能得到有效的规范，优先采购国产装备的政策目标不能得到有效的落实。此外，如前文所述，在中国加入 WTO（世界贸易组织）时，就表明了加入 GPA（政府采购协定）的意向，一旦成功加入 GPA，中国将开放相当大规模的政府采购市场。GPA 的国民待遇原则和非歧视原则要求成员国对于进入政府采购市场的本国和外国公司一视同仁，基于此，通过法律法规保障优先采购国产装备则显得越来越难以实现。

2. 我国产品在加工精度、可靠性等方面有待提高

通过多年原始积累，在我国制造业中，拥有自主技术和品牌的高附加值产品逐渐增多，我国产品的国际竞争力和市场份额正在提升。但不容忽视的市场现象是，我国产品主要是中低端产品，技术含量高、赢利能力强的制造业产品基本由发达国家掌握。

先以机床行业为例，机床是用于制造装备的装备产品，被称为"装备的母体"，近几年国产机床市场销售量不断提高，但主要是低端数控机床，而在航空航天、船舶、汽车、发电设备等制造业所需的高端数控机床市场，国产装备的市场占有率十分低下，在品种、水平和数量上远远满足不了国内需求，而制约着高端数控机床水平的配套关键功能部件和数控系统的发展更是缓慢。再如核电建设行业，也存在着大量进口外国关键零部件的问题。其中，核电机组中的泵、阀产品，进口支出占设备投资总额的近四分之一。发电设备所用的优质管材、板材都需要进口。轧机虽然在国内总成，但其中所需的电器元件、控制系统需要进口。超高压、特高压输变电设备中的操作机构大多是与外国合作生产或者从外国进口。此外，对于重大装备国产化项目来说，我国生产的产品水平，从装备到工艺，从产品品种到产品等级，都和技术发达的国家之间存在一定差距，性能、质量难以满足市场的需求。[1]

可见，我国制造业的整机生产能力已经有了飞跃式的发展，但产品在加工精度、可靠性等方面依然有待提高。尤其是关键零部件、关键材料的加工精度和可靠性与国际水平还有较大差距。一方面，我国在基础材料、机械基础件、核心零部件及相应的基础技术、共性技术研发和创

---

[1] 中国生产力学会编：《2007—2008中国生产力发展研究报告——重大技术装备制造业发展研究》，中国统计出版社2009年版；商小虎：《我国装备制造业技术创新模式研究》，博士学位论文，上海社会科学院，2013年。

新严重滞后。尤其是机械基础件和核心零部件的开发周期较长，需要长期的技术积累。另一方面，国产装备零部件的平均寿命仅为外国产品的四分之一，这直接导致国产装备在投运中的稳定性不尽如人意[1]，那么，政府优先采购国产装备政策也就缺乏操作性和执行力。

3. 国产装备的市场信任度较低

"先入为主"这条原则在装备制造产品市场所发挥的作用非常之大。起初，在我国装备制造能力处于相对低水平的时候，市场基本被进口产品所占领，这种先行者的特殊优势一直左右着用户的采购决策。尤其是外国企业的业绩和其产品的性能在竞争中不断加强的前提下，用户采购进口装备的心理偏好更是长期稳定，外国产品在装备制造市场中的地位难以撼动，导致国产产品生存和发展的空间非常之小。

事实上，近年来我国装备制造领域的技术水平突飞猛进，经过技术引进、消化、吸收后，新产品不断问世，有些产品的性能已经达到国际水平，甚至已经处于国际领先地位，且价格水平远低于进口产品，完全有条件实现进口替代。但是，尽管我国装备制造业的技术水平和产品性能在稳步提高，其生产规模甚至已位居世界首位，但因进口产品拥有国内市场垄断地位，在采购竞标时国产装备争取不到市场份额，甚至因为业绩不足连投标的机会都得不到，这一问题在高端装备制造业领域更为突出。正是因为缺乏市场信任度，重大装备的进口数量仍然逐年增加，国产装备企业处于"英雄无用武之地"的困境，生存艰难。与此相应，作为需求方的装备用户企业因对国产装备的不信任和对进口设备的偏爱，造成其成本居高不下，在竞争市场中也会处于不利地位。

可见，这种"市场不信任国产装备—需求方选择外国产品—国产装备得不到应用机会—国产装备更不受市场信任"的路径依赖怪圈，

---

[1] 商小虎：《我国装备制造业技术创新模式研究》，博士学位论文，上海社会科学院，2013年。

使国产装备的市场信任度每况愈下，外国产品的市场地位和市场势力日益稳固，装备用户的发展受到成本限制，利益受损。因此，切实加大政府对市场需求的引导，加大财政政策的支持力度，提高政府优先采购国产装备政策的操作性和执行力，已成为当前我国装备制造业发展的迫切需要。

（二）对装备制造业的财税扶持力度不足

近些年，我国对装备产业的财税支持力度逐渐增大，但还存在明显不足，在财政政策和税收政策上都有体现。

1. 财政政策扶持的现状和存在的问题

装备制造业的地位和作用决定了其发展需要政府政策扶持。目前我国对装备制造业的政府扶持主要是从资金需求的角度出发的，即以财政政策为主要支持政策，选取的政策工具主要有直接投入、财政补贴、政府采购等。

由于对装备制造业的直接财政投入主要包含在科技重大专项资金、战略性新兴产业发展专项资金等财政投资盘子内，没有专门针对装备制造业的财政投入进行统计，因此，我们只能以装备制造业民间投资分析来侧面反映财政投入的情况。以国家信息中心经济预测部对我国装备制造业民间投资情况的分析为例，2014 年 1—11 月期间，民间投资在六大装备制造业投资中的比重为 83%，其中：通用设备制造业、电气机械及器材制造业、专用设备制造业、汽车制造业、铁路船舶航空航天和其他运输设备制造业、计算机通信和其他电子设备制造业的民间投资占比分别为 92.1%、89.8%、88.6%、75.9%、73.0%、65.0%。可见，虽然早在 2006 年，国务院就出台了《关于振兴装备制造业的若干意见》，提出对国家重大技术装备的技术进步项目，在年度投资安排中设立专项资金给予重点支持，但是在装备制造业投资结构中，政府投入较低，在某些装备制造行业中政府投入的比重还不到 10%，难以满足装备制造业发展对财政资金的需求，和发达国家相比也存在一定的差距。

在我国装备制造业的财政支持政策中，财政补贴较财政直接投资更为常用。例如，对承担国家重大技术装备的企业实施技术改造项目的国债贴息贷款；对购买高效节能装备产品（如高效电机）的终端用户给予财政补贴；对首台首套重大技术装备除由财政划拨资金补贴外，还对其成套装备、单台设备、核心部件研制或总成过程中可能出现的风险提供风险补助，建立了首台首套重大技术装备保险补偿机制，中央财政对符合条件的投保企业提供保费补贴。

虽然面向装备制造业的财政补贴种类不少，但是获得补贴的条件却不容易满足。以高端装备产业的首台首套重大技术装备为例，虽然财政补贴资金达到产品销售价格的四分之一至二分之一，但获得财政补贴必须符合"成套装备总价要在 1000 万元以上，单台设备价值在 500 万元以上，总成或核心部件价值在 100 万元以上"的条件。事实上，首台首套重大技术装备的研制生产具有不确定性、高风险性、非通用性、投入大、周期长等特点，即使其成功研制生产，但在实际应用中也存在着使用风险，如果缺少必要的风险防范或风险补偿，装备产品用户的需求意愿则会大打折扣，也会限制行业的发展。所以，财政政策单纯地对完成交易的产品进行价格补贴，一方面不足以解决投资不足的普遍性问题，另一方面也难以弥补高端装备用户购买国产首台（套）重大技术装备的机会成本，最大程度上刺激装备产品用户的需求意愿，由此可见，现行财政补贴办法仍存在改进的空间。虽然，财政对首台首套重大技术装备的产品使用保险进行补贴，且补贴金额最高达到保费的 80%，这一创新之举在一定程度上刺激了装备产品的用户需求，但用户的保险补贴必然面向已经成功研制生产并通过市场完成交易的产品，高端装备的生产企业在技术研发和装备生产的过程中遇到的风险依然没有得到妥善的处理。在当下宏观经济正在强调"供给侧改革"之际，对高端装备产业供给侧提供支持的财政政策扶持暴露出了瓶颈。

此外，财政还通过为产业投资基金出资的方式对装备制造业提供间接的支持。2016 年 6 月，为贯彻落实制造业强国战略，国务院批准设立先进制造产业投资基金，首期规模为 200 亿元，其中中央财政出资 60 亿元，更重要的是吸引社会资本投资，并引导投资方向、提高投资效率和收益。

2. 税收政策扶持的现状和存在的问题

装备制造业除了从支出端得到的财政支持外，在收入端也有来自税收政策的支持。在 2006 年国务院发布的《关于振兴装备制造业的若干意见》中，为国产装备制造产品的开发和制造所需的关键配套部件和原材料进口，提供了关税免征或先征后返、进口环节增值税先征后返政策。加大对重大技术装备企业研发投入的税前扣除政策的支持力度。与此同时，对整机和成套设备进口的免税政策进行调整，包括降低优惠幅度、缩小免税范围直至取消免税优惠。在 2009 年国务院发布的《装备制造业调整和振兴规划实施细则》中，除增值税转型政策外，还包含了刺激装备产品出口的税收支持政策，主要表现为相关产品出口退税率的提高。同时，加大了对国产装备制造产品的开发和制造所需的关键配套部件和原材料进口的税收支持力度，对关税和进口环节增值税均提供了免税支持。此外，一些税收政策起到了支持特定地区的装备制造业发展的作用，如对东北等老工业基地实施扩大增值税抵扣范围的优惠政策等。而面向中间试验设备和特定机器设备的加速折旧政策，对相关装备制造企业的所得税减免以及对设计研究收入的所得税减免政策、研发费用的扣除政策、亏损的结转政策等，均可以降低企业所得税负担；面向投资的再投资退税政策和投资所得税抵免政策，均可以刺激装备制造业领域的资金投入。

可见，当前我国面向装备制造业的税收优惠政策名目繁多，但缺乏统一性和规划性，效果并不理想。不足之处如下：第一，对税收政策支持的具体产业范围和环节不够明确，优惠内容相对庞杂，不能系统、规范地支持装备制造业发展的目的。第二，现行税收政策对装备制造业投资环节的支持相对较少。事实上装备制造业的投资风险较大，尤其是在需要资本密集投入的起步阶段，收益的不确定性往往导致投资不足，这就需要对风险投资给予较大力度的税收优惠政策，从而吸引资金投向尚未获得收益的且有较高成长性和发展潜力的装备制造企业。第三，所得税优惠政策比重相对较大，使支持装备制造业发展的税收政策总体上显失公平。其原因在于，所得税优惠政策有明确的范围，即盈利企业，而那些新成立的装备制造企业或是未产生利润的企业则享受不到。第四，上述较为庞杂的税收优惠并没有经过科学、准确的测算，更没有对这些税收优惠所产生的影响进行科学、准确的测算，事实上缺少了一项必要的程序。并且，这些税收优惠政策往往以部门规章的形式出现，虽增强了时效性和灵活性，却有失法律的权威性和稳定性，往往导致政策重出台、轻效果，存在政策交叉、扰乱市场等不良影响，而且长期而言，税收优惠也会减少政府财政收入。

（三）缺乏有效提升产业集中度和推进专业化分工的财税支持

装备制造具有显著的技术积累、技术专有的特性，因此产业集中、专业化分工更有利于装备制造业的发展。但是，我国因地域辽阔各地区发展不均衡造成的市场分割、产业集中度和专业化分工程度较低等因素使得一部分产业难以发展壮大。

1. 缺乏有效提升装备升级及工艺研发能力和动力的财税支持

中国是最大的后发国家，凭借自身劳动力和资源上的比较优势，在世界装备制造业分工体系中的地位逐渐提高，成为装备制造大国。目前中国的装备制造业的产值已经超越日本，持平美国，但产值的增加值依然落后于美国、日本及其他发达国家，直接原因是中国的装备制造业的劳动生产率远低于发达国家，深层次原因则是在研究和开发方面的投入不足，对装备升级和工艺研发的支持力度不够。

近些年来，我国装备制造业研发费用保持增长，稳居世界前三位。

但和发达国家的研发费用投入产出相比，差距仍然很大。在研发强度和研发人员数量方面，中国的装备制造业的水平不仅远低于美国、日本、德国等传统发达国家，也不如新加坡、韩国、俄罗斯等新兴国家。在专利拥有数量方面，美日德三国雄踞专利拥有量的前三位，中国则处于发展之中。可见，虽然中国的装备制造业的研究和开发能力不断增长，但从与发达国家的比较来看，中国仅仅成为了装备制造大国，还不是装备制造强国。

中国的装备制造产业要实现"由大向强"的转变，离不开财税政策的支持，但现行的财税政策存在着如下不足。第一，对职业教育职业培训的财政投入不够。装备制造产业的发展需要大量拥有职业技能的应用型人才，而职业教育在当前中国并不为大家所广泛接受，社会对职业教育职业培训的重视程度不足，财政资金对此的支持也比较薄弱，有待加强。第二，对"产学研"结合的财税支持不够系统。"产学研"三者的结合推进可以实现"干中学"式技术创新，尤其有利于发挥装备制造产业现有的规模优势，但现行的财税政策往往只是孤立地着力于产、学、研三个方面，缺少对三者结合方面的系统性支持。

2. 缺乏开拓高端市场的财税支持

20世纪80年代，一轮自发达国家向发展中国家的制造业转移开始形成，但转移的只是某些工序，涉及零部件或中间产品的生产和组装，形成了产品内部的全球垂直专业化分工格局。这种格局的划分基于产品的增值环节，并在此基础上，形成了以价值链片段化和模块化为特征的全球价值链。我国正是此轮制造业转移的目的地之一，对我国的制造业发展和出口产生了至关重要和意义深远的影响，随着转移速度的加快，其影响越来越大。

因为垂直专业化是一个先进的、高效率的生产模式，参与这一过程对于我国装备制造业的发展无疑是极大的机遇，加之拥有生产要素的比较优势，通过"进口—生产"和"进口—出口"等模式，引进外资在国内生产、销售或出口、加工出口，在全球装备制造业的价值链中占据越来越重要的地位，甚至成为全球最大的"工厂经济体"。通过 30 多年的发展，我国的装备制造产业快速成长，取得了一定的规模收益，并借助全球价值链的技术溢出效应，部分地实现了产业升级的目标。

　　然而，挑战和机遇相伴而来，挑战主要体现在这一生产模式可能使我国的装备制造产业趋于低端倾向，无法开拓高端市场。因为这种全球垂直专业化分工格局嵌入在产品内部，以产品的增值环节为节点，每个环节都是由世界不同国家进行生产制造。但是发达国家转移出去的大多是低端的装配、加工、组装和简单的生产，而不会将最高端的核心环节转移出去。可见，发达国家之所以促成制造业转移出本土，是为了降低资源和劳动力成本，获得比原来更大的利益，而掌控着核心环节就能掌控作为转移目的地的发展中国家，让后者长期成为其低端"劳动力"。可见，包括我国在内的发展中国家，一方面在装备制造业产品国际价值链利益分配中的地位与发达国家相差悬殊，另一方面发展中国家的制造业整体质量也不能因此而加速提升，开拓高端市场将面临困境和考验。[1] 近年来，我国在装备制造业的某一些领域取得较大进步，如高铁、船舶、电信等，但产品主要还是服务于低端市场，高端市场更多由外商投资企业或进口产品主导。

　　高端市场的开拓离不开高端产品的开发。事实上，我国已经深度进入全球垂直专业化分工体系之中，可以通过吸引高技术人才，获得国外先进技术；可以通过培养高技术人才，积累先进知识技术；可以加大企业"走出去"在全球范围内与各类创新主体开展协同创新合作。这些可能变为现实的一个重要条件是加大财税政策的引导和支持。

---

　　① 陈爱贞：《中国装备制造业自主创新的制约与突破——基于全球价值链的竞争视角分析》，《南京大学学报》（哲学·人文科学·社会科学版）2008 年第 1 期。

3. 缺乏有效提升零部件产业的专业化程度和发展壮大企业规模的财税支持

一方面，在装备制造的零部件产业，整体而言，专业化程度低。改革开放以来，基于劳动力和原材料的比较优势，中国的本土零部件生产企业主要是劳动密集型企业和来料加工型企业，生产成本低、风险小，产品技术含量低，而技术含量较高的产品只能向世界大型零部件供应商购买。长期以来，这种情况未有改善，导致本土零部件生产企业对外国供应商的依赖程度非常大，在技术领域与世界先进水平的差距随时间推移不减反增。中国的本土零部件生产企业要想在竞争日益白热化的全球配套市场中争得一席之地，仅靠低成本策略是不能持久的，只有提升产业的专业化程度，特别是加强研发方面的投入、引进先进技术、培养顶级人才，才能成为世界级的配套供应商。

另一方面，中国的零部件生产企业在市场上处于不利的地位，和企业规模小也有很大关系。零部件生产企业的规模化生产是提高企业核心竞争力的前提和基础，规模化生产不仅能实现规模经济，也和产业专业化程度的提升密不可分。大部分中国的本土零部件生产企业规模较小，不同地区之间存在重复投资、低效投资，零部件产业的专业化程度低，未实现多元化市场结构，没有真正走向国际化，产品品种有限，做不到全球制造全球销售。

我国的财税政策既缺乏对零部件生产企业兼并重组、发展壮大企业规模的支持，也忽略了对直接有效地提升零部件产业专业化程度的引导。

(四) 服务于制造业的生产性服务业缺乏财税支持[①]

生产性服务业是与制造业相关的配套服务业，是从一些制造业企业

---

① 崔纯：《中国生产性服务业促进装备制造业发展研究》，博士学位论文，辽宁大学，2013 年。

内部分离出来而形成的，是为制造业转型服务的，具体包括金融保险业、房地产业、信息咨询服务业、计算机应用服务业、科学研究与综合技术服务业。近些年来，虽然传统制造业的附加值越来越低，但制造业对生产性服务业的需求不断扩大，生产性服务业发展势头强劲，对制造业的促进作用愈益突出。随着服务与制造互相融合，服务环节在制造业价值链中的作用越来越大，促进制造业加速服务化，向服务型制造转型已经成为当前制造业发展的趋势，但是我国生产性服务业对制造业的"推力"不够，相对于国际水平较为落后。其主要原因之一是财税政策支持不到位。

1. 财税政策对于推动生产性服务业市场化尤显不足

生产性服务业市场化具有较强的区域性特征，以经济发达的京津冀、珠三角经济区和制造业主导的东北经济区为例进行研究后发现，三大经济区的生产性服务业市场化呈现不同特征的弱化，产生了一系列不良影响。

在京津冀经济区，由于生产性服务业的市场化程度不高，制造业和生产性服务业的交易成本高居不下。一方面，京津冀经济区的生产性服务业由中央企业、国有大型企业主导，但其接受服务外包的意愿不强，不足以提供其他的制造业企业所需要的生产性服务，致使市场的交易数量较少，市场化交易成本较高。另一方面，京津冀经济区对知识产权、品牌、标准化、信息化及诚信等方面重视不够。在知识产权保护方面，力度不够；在服务品牌方面，品牌建设较弱，品牌效应不突出；在服务程序方面，缺少标准化、规范化的约束；在信息方面，存在信息不透明的问题；在诚信方面，信用体系不健全。这两方面主观因素造成了京津冀经济区生产性服务业市场发展的严重滞后。

在珠三角经济区，从事生产性服务业的技术研发人员集中在大学、科研院所，市场上较少有专业的技术性开发企业，这就导致了理论和实践的脱节，科研成果不能及时转化，进而造成市场化程度较低。事实上，技术研发人员应该更多地配置在制造业企业和市场，只有充分了解市场需求，才能知道怎样的成果容易进行科技成果转化，才能制造出能够占领市场的产品。

在东北经济区，生产性服务业市场弱化的原因主要是要素低水平投入。其制造业生产要素投入依然是以初级生产要素为主，包括本地相对廉价劳动力和资源，但科技含量较高的生产要素的投入明显不足，只能满足低端制造业的需求，而低端制造业的市场空间随着技术的蓬勃发展而越来越小。需求必然影响供给，市场需求小会造成人力、资本（用于基础设施）等生产性服务业发展所必要的要素投入不足，最终陷入恶性循环，市场越发萎缩。

可见，在我国经济较发达的地区和以制造业为主导的地区，生产性服务业的市场反而存在弱化问题，虽然有的表现为生产性服务业的市场化交易数量少、交易成本高，有的表现为产学研的联系较弱，科研技术的成果无法高效直接地投入市场应用，但在这些不同的表现背后，至少有一个共同的主要原因，即财税政策的支持不够。

2. 财税政策对于增强生产性服务业资源流动性的支持不够

我们同样以京津冀、长三角、东北三大经济区为例，分析其生产性服务业的资源流动性，发现存在如下问题：

在长三角经济区，已经形成了区域内的专业分工，江苏和浙江以装备制造业为支柱产业；上海相对发达的则是生产性服务业，其金融业、信息传输业、计算机服务和软件业甚至接近国际水平。然而，这样的产业布局隐藏着较为严重的结构失衡问题。因为江苏和浙江装备制造业发达，是长三角经济区主要的生产性服务业市场，但只是对批发零售、交通运输与仓储等传统的生产性服务业的需求较大，对上海较为发达的现代生产性服务业的需求不大，这迫使本地不具比较优势的交通运输、仓储业和通信业必须要有一定的发展，来满足其装备制造业的需求，而上海的现代生产性服务业难以成规模地进行市场化发展。可见，存在着供需错配的问题，双方发展均受到限制。

在京津冀经济区，北京和天津这两个国家级中心城市之间形成了一个"北京—天津—河北"的经济发展断层，河北的经济发展程度与北京、天津有较大的差距。一方面，北京和天津的生产性服务业发展相对河北较为超前，但距离最近的河北却对其需求甚少，大多是资源密集型和劳动密集型制造业，也是典型的供需不匹配，京津冀经济区生产性服务业的发展动力不足。另一方面，京津冀经济区内各个城市之间的交通运输线路还不够发达，交通运输方式单一，交通运输能力不能满足客流、物流、信息流的要求。受这两方面的制约，生产性服务业的资源难以流动，其发展遭遇瓶颈。

在东北经济区，制造业和生产性服务业由国有企业主导，行政管理特征浓厚，行政壁垒造成东北经济区内的生产性服务业的资源得不到有效流通，不同地区的企业与企业、企业与科研院所的信息和技术交流互动少，无法获得技术分享的利益。

可见，我国生产性服务业的资源流动情况不尽如人意，生产要素的流动既受到地理区位或交通运输因素限制，也受到行政管理造成的人为壁垒的约束。要解决这一问题，财税政策支持必不可少，但从现实情况来看，我国财税政策对于增强生产性服务业的资源流动性的支持还远远不够。

（五）大中型装备制造业企业的主辅分离缺乏财税政策推动

主辅分离是指装备制造业企业将辅业从主业中剥离出来，对剥离出的辅业赋予其独立法人的资格，将其推向市场，改制为独立核算、自负盈亏的法人实体，以达到激活主业经营效益，增强主业活力和竞争力的目的。其中，主业指的是装备制造业企业拥有的核心业务以及相关资产，辅业是指相对主业来说非核心的业务以及相关资产，一般包括为主业服务的零部件加工、修理修配、运输、设计、咨询、科研院所等单位。[①]

企业把非核心辅助性的业务和主要业务分开，有助于集中力量发展主业，提高大中型装备制造业的核心竞争力。随着我国经济体制改革的逐步深入，我国的大中型装备制造业所面临的体制环境和市场环境都发生了变化，而主辅分离进程还处于初期阶段，分离进程相对较大、阻碍较多、效果显现较慢，因此推动大中型装备制造业主辅分离需要财税政策的支持。

1. 对主辅分离中涉及的产权变动、人员安置问题未能厘清

一方面，主辅分离所涉及的产权关系复杂，资产处置均缺乏明确依据。我国装备制造业企业的产权问题非常复杂，需要界定清晰才能够完成主辅分离并且为处置被剥离的资产提供明确的依据，这就需要有明确且可具操作性的政策法规保障。以中国南车和中国北车的合并为例，这两个装备制造业巨头在合并之前分别进行了主辅分离改革，所剥离的辅业资产规模十分可观，达到百亿元的数量级，在主辅分离的过程中却既没有法律法规的指引，也没有财税政策的支持。

另一方面，主辅分离所涉及的人员关系复杂，人员安置面临较大困难。主辅分离可能导致的一个结果就是产生大量人员失业，然而，在国有大中型装备制造业企业的辅业企业的工作人员，很大一部分是主业企业的分流安置人员，以及主业企业和辅业企业的子女，这是历史遗留问题，主辅分离可能会导致大量家庭陷入贫困。而且，在辅业企业成立之初，有大量主业企业的员工被保留原职工身份并分配至其中工作，一旦进行主辅分离改革，这些员工的安置将面临困境，如果主业企业没有合适的岗位而被迫安置，则会加重主业企业的生产成本和运营负担，与主辅分离的改革初衷相悖，如果将其划至辅业企业，

---

① 袁嘉怡：《国家电网公司主辅业分离问题研究》，硕士学位论文，首都经济贸易大学，2015 年。

他们的身份会有变化，待遇也会随之减少，可以预期这将会成为主辅分离改革的阻力。面对这个利益关系错综复杂的局面，财税政策的缺失导致主辅分离改革难以推动。

2. 对主辅分离财务独立核算给企业带来的运营和管理成本增加未能充分考虑

对于我国经过主辅分离的大中型装备制造业企业，辅业企业对主业企业存在着先天的依赖性，前者的主营业务是依后者的需求而设的，即便其生产能力、技术创新、管理水平的市场竞争力稍弱，后者给予前者较其他市场供给方更多的业务支持，但由于有了主业企业的支持，辅业企业对主业企业形成了长期依赖的关系，致使其市场竞争的能力较差，所面临的压力和动力也不足，其市场化生存能力堪忧。

综合来看，装备制造业的主辅分离改革需要政策支持，从财税政策来看，目前支持力度还不够，主要表现在以下几方面：一是在增值税抵扣方面，根据税法规定，购买国产装备可进行增值税抵扣，如果大中型装备制造业企业进行装备生产和技术服务主辅分离，交易款项的"一票结算"改为"二票结算"，则会减少交易的税收优惠金额，加重了企业的财务负担。二是大部分大中型装备制造业企业的重大工程项目经营都是实行交钥匙工程服务项目来管理，进行主辅分离改革将增加项目的管理成本。三是企业承受生产要素价格上升，我国一贯的政策是向制造业倾斜，制造业企业享受着低廉的生产要素价格，经过主辅分离改革而剥离出来的辅业企业，基于经营范围，往往需要为水电、土地等生产要素支付商业价格，其运营成本有所增加。四是多项政策分散实施，不能发挥出政策合力。在进行主辅分离时涉及的部门较多，除财政、国税、地税部门外，还涉及金融、工商、经贸等诸多部门，支持政策也不仅限于财税政策，但是未能将现有政策整合并系统地实施，致使政策的拉动效应难以显现，从而加大了主辅分离改革后辅业企业的经营困难。

二 问题的深层原因分析

事实上，导致目前这些问题的深层次的原因并不在财税层面，而在财税之外，既有制度层面的原因，也有法律层面的原因，还有管理层面的原因。因为财税是国家治理的基础和重要支柱，应专注于公共领域，而不能作为产业发展的全部依靠。因此，只有在制度、法律、管理层面的问题解决好的基础上，选择财税政策应该支持的环节重点发力。

（一）制度层面——产业链视角

产业链是各个产业部门之间基于一定的技术经济联系，并依据特定的时空布局关系和逻辑关系而客观形成的链条式关联系统，这一系统由价值链、供需链、空间链、技术链、知识链等维度构成，各个维度在相互的对接和协调过程中，共同决定着产业链的演化和产业链能力的发挥，并促进产业链升级。[①]

产业链是企业与市场之间的一种中间组织，其首要作用是降低交易费用，此外，还有如下两个方面的作用：一是优化自身。产业链具有自身的动态调整和优胜劣汰系统。处于产业链上的企业能够享受产业链带来的各种好处，实现自身的经济利益，同时也面临着被其他有更大优势的企业所取代和排挤的压力。因为产业链有自身的修正系统，总是倾向于更好的选择，实现其自身的优化。二是推动创新。在产业链的发展初期，产业链上的企业数量少，还不会形成成规模的创新局面，但随着产业链上的企业不断增多，竞争压力不断加大，产业链的创新机制也会逐渐形成。这种创新机制体现为知识共享、文化传播，包括共同解决技术问题，分享新的研究成果；也体现为产业链整体创新与协作能力的提

---

① 刘贵富：《产业链的基本内涵研究》，《工业技术经济》2007 年第 8 期。

高，产业链变得更加稳固，甚至加强不同产业链之间的联系，形成产业链网络。[①]

制造业产业链包括产品设计、原料采购、制造、销售等环节所涉及的所有企业单位。经过近年的发展，中国的制造业产业链呈现出这三个现代化的特点：一是生产性服务业兴起并和制造业融合。生产性服务业的产生源于制造业企业对物流、售后、金融等生产性服务的需求，它们在一定程度上丰富和完善了制造业产业链的下游环节。二是产品技术的开发与选择的来源多样化，由于产业链上有众多的企业参与其中，制造业企业所需的设备、部件、材料等有选择的余地，供货方产品质量也因竞争压力而提升。三是先进的管理技术在制造业日渐普及。随着中国的人口红利逐渐消耗殆尽，制造业以劳动密集、资源密集的方式制造产品的日子已经一去不复返。现在的制造业企业将管理、科技、信息化、智能化作为首要追求目标，以提高运营效率、快速把握市场需求。

作为一个系统，中国的制造业产业链仍然存在薄弱环节，具体表现为如下四个方面：一是产业链的发展和其配套产业的发展不协调。在制造业的细分行业中，工程机械、电气行业、汽车制造业、医药制造业的产业链条比较长，横向联系了林业、钢铁制造业、有色金属制造业、金属制品行业、化学原料及制品制造业、橡胶制品业、电子元器件及通信设备等制造业，纵向包含了研发、设计、制造、服务、销售等不同辅助环节，制造业产业链这些节点的发展不协调，制约了进一步发展。二是同一行业的各条产业链的协同度低，例如，位于东北经济区的装备制造业企业以生产军工产品为主，但这些企业往往各自为政，造成生产的重复浪费。三是产业链的某些环节缺失，例如装备制造所需要的基础零部件主要依赖外国进口，使产业链不完整。四是产业链的技术合作少，在

---

① 袁艳平：《战略性新兴产业链构建整合研究——基于光伏产业的分析》，博士学位论文，西南财经大学，2012年。

制造业产业链的各个企业之间主要基于产品展开合作，合作较少基于技术、知识、信息等非实体，不利于发挥产业链的"一加一大于二"正外部性。[①]

反观美国、德国、日本等制造业发达国家，其产业链从产品链、价值链、知识链等角度来看，都趋于完善。中国的制造业产业链的相对落后，一方面固然和制造业还处于发展中的阶段有关，但另一方面，财税政策对制造业的支持不够系统，更多着重于产品生产和技术改进，对于包括研发、生产、销售和服务在内的产业链完善却重视不足，这使制造业产业链从系统性的角度来看存在着短板。

（二）法律层面——法规体系

对于制造业的财税扶持政策在逐年加强的同时，政策的落实情况却难以令人满意。缺乏完备的法律法规来保障政策落实是最重要的原因。为解决这一问题，一些发达国家的经验可以供我国借鉴，或者采取法律手段来强制推进政策的落实，或者以出台法规的形式代替出台政策，均取得了很好的效果。例如，美国以《购买美国产品法》、《小企业法》和《埃克森—弗洛里奥修正案》等法律为依据，保障对本国产品进行优先政府采购的政策落实。

（三）管理层面——产业组织

目前世界各国已有的产业组织政策有两种政策目标，一种为维持市场秩序，鼓励竞争、限制垄断；另一种为限制过度竞争，鼓励专业化和规模竞争。在实际操作中，政策主要着眼于企业兼并重组、生产专业化分工、产业集群三个方面。

---

① 赵磊：《中国制造业产业链存在的问题及对策研究》，硕士学位论文，吉林大学，2011年。

现时中国制造业的市场集中度低，直观表现为企业规模不大，除了电力、石油等垄断性行业外，其他竞争性行业内鲜见具备国际规模水平的制造业企业，而且不同的区域却有着同质的企业，在地理版图上呈现"规模小数量多"的局面。这种局面意味着产能重复投资、产业竞争无序，不能发挥规模经济效益，产业的竞争力低下。中国制造业存在的这种企业规模偏小、市场集中度较低、组织结构松散的状态，属于过度竞争。如果产业处于过度竞争，产业将丧失规模经济效益，不利于资源配置效率的提高。面对制造业过度竞争的困境，应该进行企业兼并重组。通过企业兼并重组，一些有竞争力、效益好的企业将会获得迅速扩张，市场份额不断扩大，而效率低下的企业或者被迫退出，或者被效率高的企业兼并，最终将促进整个市场集中度的提高，并将促进制造业规模经济效益的提高。

美国的制造业先后经历了五次兼并重组的浪潮，才成就如今的全球霸主地位。发生于19世纪和20世纪之交的第一次兼并重组浪潮，主要标志是区域性企业合并为全国性企业，这些全国性企业开始尝试规模化经营。在一战后的20世纪20年代，美国制造业市场出现了新的细分行业，如汽车行业、电器行业，伴随着新行业而来的兼并重组主要是产业链的纵向联合，导致了企业的交易费用下降。发生于20世纪70至80年代的第三次兼并重组浪潮，不仅使制造业企业调整组织结构、优化资源配置，在此期间出现的海外并购也使制造业的领先企业成为跨国公司。20世纪90年代，随着信息技术蓬勃发展，制造业企业的兼并重组以更先进的生产技术为目标，如波音公司和麦道公司的合并。2008年金融危机使虚拟经济的泡沫破灭，美国的产业焦点重新回到制造业，此后开始的第五次兼并重组浪潮以完善全球产业链为追求，美国的制造业企业在"回流本土"的背景下，依然通过兼并重组加紧全球性的产业布局。美国制造业的企业兼并重组活动对经济发展和产业结构调整产生了极为深远的影响，不少居于领先地位的跨国公司，都是通过属地化并购、同行业并购、国际化并购这三个阶段成长起来,实现了规模化和效率化经营。

与规模不经济相对应的是专业化分工程度低。根据经验,较好地运用专业化分工机制的企业竞争力显著增强,即只掌握一个或几个核心制造技术或环节,其他环节外包出去。反之,没有较好地运用专业化分工机制的企业,往往处于疲劳状态,没有精力提升核心技术和核心竞争力,也享受不到在专业化分工前提下生产性服务业带来的好处,整体处于不利的竞争地位。经过改革开放、加入WTO、全面深化改革,至今中国制造业的专业化分工水平有了一定的提高,但对比美国、德国、日本等发达国家,整体专业化分工程度依然偏低,这限制了生产性服务业的进一步发展。

产业集群对生产的规模经济、专业化分工有影响。一方面,产业集群可以促进区域的经济增长。产业集群意味着劳动力和资本在区域内聚集,以及土地集约化利用率的提高,使区域内生产要素供给的数量和质量都有所改进。另一方面,产业集群推动了产品的区域内生产和消费,使产业结构发生变化,加速了聚集区域的城镇化过程,使资源配置更优化。通过这些影响,产业集群促进了聚集区域的经济增长,从供给和需求两侧为企业的规模化经营奠定基础,使规模经济成为可能。同时,产业集群也吸引了人才在区域内聚集。一方面,产业集群的区域会自发地形成并发展出一个共享的劳动力市场,劳动力的供给结构随之得到改善。另一方面,聚集区域内的各种正式或非正式的交流网络组织降低了劳动力的学习成本,基于"边干边学"机制,产生正外部性,导致技术外溢和学习效应,这既提高了聚集区域内劳动力的整体素质,也吸引了聚集区域外的劳动力流入。产业分工的专业化离不开劳动力的专业化,产业集群通过强化聚集区域的人力资本创造了专业化分工的前提。

近30年以来,中国的制造业逐渐形成产业集群的格局,东部沿海地区取代了东北和西部地区的制造业中心地位，随之而来的是劳动力和资本的地区间流动。劳动力和资本向制造业聚集的东部沿海地区流入，和制造业企业的规模化经营、专业化分工互相促进互相强化，造就了令人瞩目的经济成果。但在聚集区域内部、在细分行业之间，依然存在着有待改善的问题，存在着可以借助财税政策进行产业优化的空间。

此外，我国现行的产业组织政策对于制造业的产业集中度和专业化分工的推动仍较弱，其中大中型制造业的主辅分离政策对于促进产业集中度和专业化分工有较为重大的影响，但由于目前我国对于该项政策的认知程度不高、思想不够统一，导致制造业的产业集中度仍不高，专业化程度也不高，进而导致了制造业的发展动力不足，缺乏国内、国际核心竞争力，难以实现"走出去"。

第八章

支持制造业强国战略的
财税政策选择

支持制造业强国战略的财税政策须坚持四个原则：一是市场化原则，要坚持市场在资源配置中的决定性作用，财政政策是在市场发挥作用的基础上，更好地发挥政策的作用；二是主导性原则，制造业强国中的多个关键性节点和关键性产业需要通过财税政策的强力推进，才可以形成市场的响应和资源的主动流入；三是协同性原则，财税政策不是制造业强国的唯一宏观经济政策措施，须与产业政策、货币金融政策相协调，并做好协同一致的有效安排；四是全面性原则，制造业强国是建立新型制造业体系，既包括传统动能的设备更新、技术改造和产品创新，也包括新动能的培育、新模式的组建和新产业链的形成与发展。因此，财税政策支持制造业强国战略发展应坚持全面性原则，坚持体系协调推进。

一 财税政策体系的基本构成框架

根据上述原则，结合"财税体制改革总体方案"的要求和"十三五"规划纲要的内容，当前可供运用和组合的主要政策措施包括：第一，财政资金支持或组建的政府性基金。目前，财政部已经出台了

《政府投资基金管理办法》和《关于财政资金注资政府投资基金支持产业发展的指导意见》，财政资金与市场化资金、金融资金以产业投资基金的方式进行组建和运营，既体现政府的产业政策和发展意图，又与市场资金形成合力，形成尊重市场资金的效率诉求。第二，财政投资或经济建设领域的支出。这是相对传统但较为有效的财税政策支持方式，根据经济社会发展的需要，财政采取直接资金投入的方式，优化企业的融资环境，改善企业的经营环境，从而为企业或产业的创新发展提供有效的助力。第三，税制结构调整或税收优惠。税制强调公平性、强制性和无偿性，因此，以税收优惠的方式促进产业发展应慎之又慎，除非是具有典型创新意义的企业和特殊产业①的承载园区，否则在税制的安排上只能基于税制本身的结构性政策效应或者整体税负的调整策略，不应在产业之间尤其是企业之间实施差异化的税制安排。第四，财政补贴或贴息。财政补贴或贴息是指财政通过承担一部分融资风险或经营成本，从而使相关产业或企业得到相对较好的经营环境和融资环境，或者使企业的固定资产投资和设备更新改造能够持续主动推进。财政补贴或贴息政策是以市场机制为基础的政策措施，强调顺势而为和借势而动，在作用上表现出典型的"四两拨千斤"的特征。第五，财政担保或保费分担。风险和收益的平衡是金融市场的基本准则，也是企业开展投融资活动，加大固定资产投资能力的重要基础。财政通过担保的形式，将一部分或全部的风险转由政府信用承担，就可以改变和优化企业的融资环境，增强投资意愿和能力；而同样，借助市场化的担保和保险机制，通过承担部分保费的形式，降低风险成本，也可以有效改变风险和收益的关系，从而促进产业投资和技术创新。第六，政府采购和首台（套）重大技术装备保险。以政府采购的方式来支持技术创新和设备改造，进而培育

---

① 这种特殊产业一般要求产业具有较好的自足性、独立性的特征，或对于所关联的其他产业具有创新性的基础性特征。

和扶持新兴产业的发展是各国政府政策的惯例，也是被实践反复检验过的行之有效的措施。需要注意的是，政府采购仍须坚持采购活动的基本要求，对技术创新和产业优化的支持只能作为政策兼顾的对象，而不能作为主要的政策目标诉求。

根据上述分析，我们按照政策的有效性、放大性、针对性、产出性四个方面的指标将上述政策进行评价，得到如表8—1所示的内容：

表8—1　　　　　　　　财税政策的政策效力和特点分析

政策名称	有效性	放大性	针对性	产出性
政府引导基金	好	好	好	较好
财政投资	好	一般	好	好
税制和政策	好	好	一般	好
财政补贴	较好	好	好	较好
财政担保	较好	较好	好	较好
政府采购	较好	一般	好	好

根据上表，在六大类财税政策中，除了税收政策因为政策本身所要求的公平性和中性效应而导致的政策功能限制外，其他的政策措施都具有良好的针对性的特点，说明财税政策在结构性调控中的作用突出。而在政策的有效性上，受到财税政策措施对产业或企业的直接影响渠道和能力的作用，政策效力突出，说明财税政策是产业政策效用得以有效体现的重要支撑性政策。而在政策的放大性和产出性上，各个政策表现不一：如果是强调产业投资扩张、设备改造更新，应更多地选择放大性较好的政策手段；而如果着力于产业的产出扩张和市场占用率的提升，则应更多地选用产出性较好的政策手段。

在上述六类政策之下，还应包括一系列政策手段和措施，但由于财政政策手段的多样性和差异化，难以在框架部分进行有效的归类和整理，我们将具体的政策措施和干预手段的建议放到各个具体的环节进行。

二 以装备制造业为重点,全面推进制造业 布局、集群和平台建设

装备制造业是制造业体系的技术、资金和创新的密集型环节,也是世界各国制造业竞争力的主要体现。2015 年,我国装备制造业的产值占世界装备制造业产值的 30% 以上,是世界装备制造业的第一大国,高端装备制造快速发展,也带动中国工业体系和工业竞争力的快速上升。财税政策以装备制造业为重点,在产业布局、产业集群和产业发展平台三个方面有序发力,从而大幅度优化我国制造业的创新环境、发展环境和竞争环境。

(一) 优化制造业产业布局的财税政策

产业布局的关键在于三点,即特定的政策优惠、特定的要素禀赋和良好的基础设施。从财税政策的效力来看,上述三个方面都可以施加影响,但根据财税政策的设计理念和坚持市场在资源配置中的决定性作用,并根据《中国制造 2025》和"十三五规划"中对于制造业产业布局的要求,我们做的政策环境梳理如下:

《中国制造 2025》中指出,要"落实国家区域发展总体战略和主体功能区规划,综合考虑资源能源、环境容量、市场空间等因素,制定和实施重点行业布局规划,调整优化重大生产力布局。完善产业转移指导目录,建设国家产业转移信息服务平台,创建一批承接产业转移示范园区,引导产业合理有序转移,推动东中西部制造业协调发展。积极推动京津冀和长江经济带产业协同发展"。而"十三五规划纲要"中提出"深入实施西部开发、东北振兴、中部崛起和东部率先的区域发展总体战略,创新区域发展政策,完善区域发展机制,促进区域协调、协同、共同发展,努力缩小区域发展差距"。

　　根据上述要求，我国装备制造业的产业布局的要求主要体现在以下四点：一是与主体功能区相协调，二是促进产业向中西部地区转移，三是形成有效的东中西产业互动协同机制，四是形成经济走廊和产业布局调整示范带。根据上述目标，主要的政策设计思路有：

　　第一，落实主体功能区战略，对处于重点开发区和优化开发区的地区实施以扩大企业投资、增加企业产出和引导企业布局为重心的财税政策，并与产业政策相协调，推进适宜产业的发展壮大。扩大企业投资的战略主要是政府产业引导基金和优化财政产业补贴的安排，并设计符合市场公平和透明度要求的激励型税制。

　　第二，促进产业向中西部地区转移，鼓励东部地区的企业以加速折旧和资产置换的方式加速退出部分产能，并支持中西部地区以要素优势和政策优势承担上述转移的产能。财政政策的重点在于给予加速折旧的税收优惠，突破工业用地的产权交易瓶颈，并给予中西部地区在专项债务和直接税领域的差异化优惠。

　　第三，形成东中西有效的产业互动协同机制，实现新兴装备制造业多点布局，鼓励相关辅助性产业的全国协作。新兴产业的多点布局和辅助性产业的全国协作对于物流成本和产业链重构的关联密切，财税政策应着力于对物流成本和产业链重组的有效的促进，如在营改增中解决过路过桥费的抵扣、在产业链重组中解决跨区域总分机构的纳税问题等。

　　第四，形成重要的经济走廊和产业布局调整示范带，充分提升"增长极—联络线"模式的优点，充分融合分布式生产的特点。以特色核心产业为基础，以效率为先导，以模式和业态创新为支撑，形成享誉世界的装备制造业示范带和高水平制造业集中的经济走廊。建立大规模、综合性和长期性的政府支持资金和基金是促成这一产业带的重要基础条件。

　　综上分析，我们对支持装备制造业优化产业布局的财税政策的建议包括：

一是建立国家级的中西部产业发展政策引导基金。基金以支持中西部地区的转移产业、新兴产业和转型产业为目标，主要具备三大功能：股权投资、贷款贴息和风险担保；服务对象主要是三个层面：跨大区域产业转移、新兴产业布局、内陆加工贸易产业体系；基金采取政府与市场合作的方式组建，并按市场机制进行运营管理，政府出资部分的收益全部用于对贷款贴息、风险担保费用的补偿，以及适当体现对股权投资对象的激励。该基金总规模建议为2000亿元，其中政府出资的部分在500亿元左右为宜。

二是结合"营改增"改革的深入进行，对相关物流费用的抵扣和总分机构的纳税问题进行进一步的优化。物流费用中的过路过桥费用的抵扣建议按照6%的进项抵扣足额纳入物流企业的税务核算中，如果在票据取得上存在困难，可考虑按照农产品的计算抵扣的方式比照执行。而关于总分机构之间的纳税问题，支持对增值税征收管理采取收入来源地原则进行管理，以增强异地生产、统一经营的跨区域管理。此外，可考虑将现行的5%或3%的收入来源地预缴方式进行调整，加强增值税发票的明细管理，标示开票单位的具体名称（主要针对分公司），同时防止公司内部的税款转移情况的发生。

三是给予中西部地区在专项债券发行上的优惠和便利。中西部地区由于城市化起步晚，经济园区建设进程也相对较晚，从而使得部分地市错失了2009年时期的东部地区的快速城镇化、园区化和产业化阶段，并导致政府债券和资产证券化进程的相对滞后。考虑到中西部地区的现实情况，应对中西部地区允许省会以下城市发行规模适度的市政专项债券和园区专项债券，所发行的规模建议以现行专项债务的规模的40%左右安排，以平衡因为存量债务差异而导致的中西部地区在债务收入和置换中的不利局面。新增的40%左右的专项债券，可考虑由中央和地方采取分担的方式进行偿还，中央政府偿还的比例不超过40%，地方政府偿还的比例不低于50%。

（二）提升制造业产业集群的财税政策

制造业产业集群强调区位优势、基础设施和产业链体系三个方面。宏观政策在产业集群建设中具有良好的引导和配置功能，但受到政策实施原则和公平性的影响，宏观政策应以市场效应和机制为前提，在尊重市场运行结果的前提下，积极有序地发挥政策效应。根据这一原则，财税政策的着力点应包括放大区位优势，形成错位发展；提升基础设施水平，鼓励产业集聚；延伸产业链，完善上下游产业体系，创新产业组织模式。

《中国制造 2025》中指出，要"按照新型工业化的要求，改造提升现有制造业集聚区，推动产业集聚向产业集群转型升级。建设一批特色和优势突出、产业链协同高效、核心竞争力强、公共服务体系健全的新型工业化示范基地"。这一要求，与财税政策的着力点和完善方向基本一致，即改造现有园区，形成特色园区，创建新型工业化示范基地，创新协同高效的产业链。主要政策设计的要求是：

一是重构区位优势，实现产业引导，支持全面改造现有园区。现行产业集聚区以 20 世纪 90 年代开始的加工工业和碎片化的外商投资企业为主体，随着技术和分工体系的不断演化和发展，当前的产业集聚区的生产效率、带动能力和先进程度都有所下降，影响了产业集聚区的提升和带动效应。因此，应采取有效性和针对性较好的财政政策措施，以产业创新和产业引进为重点，在传统的优势之外，根据产业调整的特点，有效调整要素资源配置和构建新的区位优势。

二是提升基础设施水平，突破发展瓶颈，鼓励产业集聚。基础设施不仅包括园区内部的基础设施建设情况，还包括围绕集聚的产业特色完善和提升周边的基础设施。这种基础设施的变化，可以进一步巩固和提升新集聚产业的优势。但从基础设施的投入情况来看，园区内的基础设施的投资和受益边界清晰，可以由园区根据发展规划和财力状况而进行综合安排；而周边基础设施则存在投入规模大、受益群体不清晰和非产业性因素占比较大等问题，客观上需要政府在周边基础设施的建设中，将园区的改造和新产业发展等因素考虑在内，在总体基础设施规划和建设过程中，安排集疏运体系的专项投入，以更好地实现公共基础设施与专门运输需求之间的有效对接。

三是延伸产业链，综合考虑垂直和水平型分工的要求，创建新型工业化示范基地。新型工业化示范基地包括四个基本维度，即产业创新、链条完整、竞争力强和服务健全，其中，财税政策的着力点可以优先体现在服务健全和产业创新两个方面。具体思路是：以园区发展为载体，以制度建设为先行，确保在公共服务领域的投入，推进公共服务的机制和模式创新，提升公共服务效率；以产业整合、延伸为主要着力点，内生发展和外部引入并重，税收优惠政策和产业引导政策并举。

根据上述思路，以产业集群建设和发展为目标的财税政策措施包括：

第一，考虑到财政部在支持煤炭、钢铁产业转型发展的时候大量使用的差异性税收政策，因此，应看作是在税收政策灵活性上的增强。而税收优惠对于新产业的布局和转移产业的集聚作用明显，建议以供给侧结构性改革为切入点，对于关键性的产业和产业组织模式，申请税收优惠安排，以解决关键节点性产业的引入和布局问题。关键节点性产业强调三个要求：一是具有良好成长性的新兴产业，二是具有良好要素禀赋基础的比较优势产业，三是处于关键环节的产业而不是全产业链。税收优惠安排建议为以下三条：第一，对符合园区定位的新入园企业所得税享受创新型企业的优惠待遇，减按15%收取，每两年重新评估一次，达不到标准的即行取消所得税优惠政策；第二，对企业新设备投资在500万元以下的，允许从当年企业所得税缴纳前扣除，新设备投资在500万元以上的，允许在当年扣除500万元的基础上，剩余部分进行双倍余额折旧或半周期折旧；第三，大力支持产业链重构和模式创新，对入园企业执行更具拓展性的研发费用构成目录，并研究将外包性技术研发服务购买纳入研发费用构成目录，鼓励进行全产业链协同创新。

第二，构建我国多层次的园区产业调整扶持基金和园区基础设施建设支持基金。根据我国政府性产业发展基金的建设和改革要求，可考虑将中小企业发展投资基金、产业创新引导资金、产业发展投资基金等改造成母基金，并与相关的转移园区、创新园区、转型园区和协作园区的资金合作，成立园区产业调整扶持基金，并面向社会投资者开放，鼓励社会投资者参与园区产业调整与创新。此外，将政府的园区基础设施投入和部分土地出让收入进行整合，建立园区的基础设施投资基金，以土地的溢价收入和沿线的租金收入作为基金滚动发展的重要基础。相关基金的组建、运行、管理和到期清算均应按照市场的原则进行，原则上，母基金和政府均不应直接运行基金，而应在向基金管理机构托管的基础上，依法履行出资人的权利和责任。

第三，对新兴产业集群的集聚区执行特别关税政策和转口贸易扶持政策。新兴产业集群需要在尽可能短的时期内形成有效产出，并可以迅速地扩大产能，占领市场，发挥先动优势。因此，应对新兴产业集群下的入园企业的自购自用的设备和零配件执行优惠的关税政策，降低税收负担，增强贸易便利。对于部分产品又用于出口的企业，可考虑在优惠关税政策的基础上，进一步累加进口增值税的优惠比例，如将用于出口的设备产出按比例退还设备的进口增值税等。

第四，根据产业集群对公共服务的要求，提升公共服务的专业性和有效性，建立政府采购园区专业公共服务的政策安排。政府采购专业性公共服务是政府采购制度完善和改革的重要要求，建议根据园区建设的要求和产业集群的组成特点，建立政府采购专业产业发展服务的机制来提升产业集群的效率和水平。在具体实施过程中，可考虑由园区自土地出让收入中单列2%左右的净收益的办法，建立政府采购专业服务的专项资金，用以扶持和购买园区的生产性和创新性的产业服务，并形成具有区域特色和产业专长的生产性服务业。

第五，根据国有企业改革方向，支持园区组建国有资本投资公司或运营公司，并将具有收益性和资产性的公共服务进行企业化经营（如电力、排污等）。根据已经出台的电力体制改革方案，从 2016 年开始，电力交易机制将发生重大变化，随着电力市场的组建，将会允许国内产业园区组建专业电力销售企业参与电力市场的交易，并可以组建合同能源管理等用能服务企业，对园区内的企业提供专业、高效的能源服务。支持园区组建第三方环保治理企业，在环境税改革方案出台之前，支持园区将排污、排放等收费用作第三方环保治理企业的收入来源，真正通过高效、专业和规模化的环境保护治理，提升产业集群的可持续发展能力和水平。

第六，根据金融市场的变化和调整，实施对园区企业进行更新改造投融资需求的财政担保。由于园区新引进企业和产业链企业的调整过程中，园区处于良好的信息优势方，而企业设备和厂房的固定资产投资需要良好的融资环境，以降低成本和提高效率。建议允许相关产业园区与国家产业发展融资担保基金合作，组建园区范围的专业子基金，子基金由国家融资担保基金、园区国有资本投资公司或运营公司，以及其他社会资本投资者共同出资。园区和国家融资担保基金以保本微利为目标，社会资本出资以专业管理和风险收益为目标。

（三）促进产业发展平台建设和发展的财税政策

产业发展平台即是根据产业发展的基本规律和要求，而承担产业发展的共性技术、理念、信息、模式和管理等业务的企业，该企业以提供行业共性产品为自身发展的主要业务，并与行业内的企业就具体应用问题进行有效的协作。根据我国产业发展平台的现行要求和实践，我们将平台分为三个基本类别：一是创新性平台，包括模式创新、技术创新和形态创新等；二是信息性平台，包括市场信息、技术信息、决策信息和其他支持信息等；三是管理性平台，包括提供产业管理创新服务、专业管理服务、托管代营服务等。在《中国制造2025》和"十三五"规划纲要中，对上述平台发展都提出了一系列具体的要求。

一是创新性平台的建设。创新性平台在我国已有了较快的发展，并正在发挥支持作用。对创新性平台的建设，要着力推进顶层设计，加快建立制造业创新网络，形成以创新中心为核心载体、以公共服务平台和工程数据中心为重要支撑的创新性平台。同时，建立以市场机制为基础的创新目标选取方案和推动创新的风险和利益平衡机制。创新性平台的运行应充分利用现有科技资源，根据制造业重大共性需求，采取官产学研同步推进、政府与社会联合发展、创新与应用协同一致的产业创新战略联盟等新机制新模式，努力打造一批制造业创新中心，深入开展关键共性重大技术研究，积极尝试产业化应用示范。此外，还应针对制造业关键共性技术，以重大科学研究和实验设施建设为重点，推进核心企业系统集成能力的全面提高，由产业链导向向价值链导向延伸。

二是信息性平台的建设。信息性平台既是创新性平台的重要支撑，也是进行模式创新和生产方式整合的关键性措施。信息性平台的重点是促进一批制造业协同创新公共服务平台的建设发展，提升服务质量，开展技术研究、检验检测、效果评估、产权交易、标准认证、人力资本培训等服务项目，促进创新成果转化和应用生产。信息平台的建设关键环节是工程数据中心，该中心将在政府和社会资本的共同支持下，为创新活动提供科技知识和工程信息的开放共享服务。

三是管理性平台的建设。管理性平台的特点是科技创新活动、研究应用活动、企业经营活动和信息融合活动的综合平台。管理性平台的关键是要推动发展服务型制造。在推动措施上，要积极研究并制定促进服务型制造发展的意见建议，着手实施服务型制造行动战略。要尝试开展示范带动，推动和鼓励制造业企业延伸服务性的生产链条，从主要开展制造生产，提供产品产出向提供产品与服务的融合性的生产方式转变。

激励制造业企业加大生产性服务投入，发展定制化、个性化服务，增强全生命周期经营，开展在线精准营销和远程网络服务等。支持有条件的企业由提供设备机械，向提供系统集成总承包服务转变，由提供实际产品向提供整体解决方案转变。支持优势企业凝聚专业优势，通过模式创新和生产流程创新，在行业内和行业间提供具有科技性、引导性服务。支持具备一定规模的企业集团根据金融改革的最新动态，着手建立集团财务公司、金融租赁公司等金融机构，为大型制造设备的销售、生产线的更新改造等提供高水平的融资租赁服务。

根据上述要求，并结合平台企业发展的特征和要求，财政扶持政策应坚持以市场竞争作为政策投入前提，尊重市场发挥决定性作用，不扭曲市场，通过有效的政策手段，支持平台企业突破"瓶颈"，引领和支持行业创新。具体政策建议如下：

第一，有效借助已有渠道，按照市场竞争性环节的财政专项资金改革要求，大力组建政府产业引导基金，加强财政资金对制造业的支持。在实践中，应积极引导政府投资引导基金带动社会资金，重点投向智能生产、"四基"强化、高端装备等具有共性和支撑力的关键领域，为制造业提升提供较好的宏观环境。

第二，创新财政资金使用方式，逐步从"补建设"向"补运营"转变，提高财政资金的绩效。对于产业发展平台，目前已经有许多相类似的平台或机构存在，但由于在政策导向上政府偏重于建设，因而对于运营存在较大的不足，甚至出现了许多平台名不副实，或是闲置异化的情况，建议将财政对产业发展平台的支持，从"补建设"向"补运营"转变，真正去落实产业发展平台的功能，而不是具备形式和外观表现。

第三，深化科技计划（专项、基金等）管理改革，支持关键性领域科技创新和典型实践，推进科技创新、发展动力转型和布局优化调整。实现政府科技资金的综合运用，将共性技术研发、市场信息和管理的整合做实做好，支持在重大科技专项和技术转化应用资金中，纳入产业发展平台的特性创新和协同创新的内容，使委托创新、渠道创新、协同创新和自主创新成为我国财政科技资金重点支持的领域和形式。

第四，对产业发展平台企业所进行的科技创新及可固定的模式和形态创新进行直接的资金投入，优化和贯彻推动创新的政府采购机制，支持创新性技术和产品的应用和完善。支持和提升使用首台（套）重大技术装备等政策，完善相关单位在新产品、新服务和实践应用等环节提升约束机制，拓展第三方首台（套）奖励机制，采取后补助的方式对第三方首台（套）设备创新的平台企业进行支持。这样，将我国特有的首台（套）政策从企业自主创新转向第三方创新，使首台（套）政策的作用机制更加完善。

三　促进服务于装备制造业的
生产性服务业的发展

生产性服务处于高速发展的阶段。一方面，供给侧结构性改革要求生产性服务业与制造业进行紧密的融合，推进制造业从生产型向生产服务型转变；另一方面，生产性服务业受到"营改增"等改革的激励，扫清了发展中的税制和成本障碍，从而使生产性服务业作为一个独立产业发展的作用越来越明显。在营改增的基础上，要根据"十三五"规划的要求，结合《中国制造2025》的战略发展重点，重点在以下方面取得突破，并更好地发挥财税政策作用。

一是以制造业的创新为核心大力发展信息技术服务，强化相关行业信息管理系统的方案设计、开发、综合集成能力。建议将信息技术服务的采购费用纳入企业研发费用的构成目录，从而使第三方专业信息技术服务与企业自行信息技术研发获得同样的税负安排，鼓励信息化与制造业的融合。

二是推进相关互联网企业积极开展市场监测、细分和预警等服务，重点发展手机网商、在线订单、O2O 等创新模式，提升对产品、市场的动态监控和预测预警能力，实现智能化信息与制造业企业的"两化融合"，创新业务协作流程和价值创造模式。作为新技术和新模式，支持制造业企业与互联网模式融合的过程中获得相应的投资抵税、加速折旧的税收优惠政策，同时，根据互联网销售的特征，建立灵活而有序的退换货和征退税等税收管理政策。

三是提升制造业支撑体系的生产性服务业发展。重点是加快发展研发设计、技术转移、创业孵化、知识产权、科技咨询等科技服务业，发展壮大第三方物流、节能环保、检验检测认证、电子商务、服务外包、融资租赁、人力资源服务、售后服务、品牌建设等生产性服务业，提高对制造业转型升级的支撑能力。

根据上述要求，财税政策领域的具体建议包括：

第一，将研发费用投入目录的构成项目由企业内部支出扩大到委托研发服务和研究服务购买等环节。在具体核定中，可只将委托研发服务的成本纳入，对于受托研发服务的企业的利润进行扣除。根据现行所得税制，即受托研发成本被两次税前扣除，即使研发费用占到了受托企业收入的 50% 左右，实际税负也可保持在 12.5% 左右，与现行高科技企业税负的 15% 左右基本相当，不构成新的税负扭曲。

第二，将互联网设备投入和设施改造纳入投资抵税、加速折旧的范围，如果互联网设备带有专业性维护和第三方委托服务的，在核定互联网设备和设施投入中，可不剥离一次性支付的设备款中所含有的专业维护和第三方服务的费用，将其纳入投资抵税或加速折旧的基数之中。

第三，电子商务、网络购物模式既与实体商业运行的特征相符合，又存在一系列重要的差异。当前，可坚持按照现行的包销、代销、中介和其他销售的特点，对相关企业在线上与线下（O2O）的经营模式中

退换货及其税收问题的处理做出灵活的规定。建议如下：一是允许采取
O2O 经营模式的企业，对于线上经营的部分采取按月预缴、年底补缴
的方式缴纳税款，通过企业内部对税款的有效平衡应对退换货条件下的
新情况和新问题；二是建立预缴税款准确性的奖励机制，尽管线上交易
的情况复杂，但对于按年预缴税款的情况与实际应缴情况较为接近的企
业可按照实际缴纳税款 1% 左右的标准进行奖励，以提升纳税信息的准
确性，降低税收征管成本和负担。

四　降低装备制造业的宏观税负

从我国现行装备制造业税收结构来看，在结构上并不存在直接的税
制问题，导致装备制造业宏观税负相对较高的原因，主要是税收制度和
税率核定的水平。

根据国家税务总局掌握的标准和统计的数据，以销售收入为测算基
础，装备制造业的平均增值税收入税负达到 3.5% 左右，相对于部分食
品加工和金属加工业等前端行业抵扣较低的行业来说，这一标准偏低，
但明显高于一般的轻工业和服务业。考虑到装备制造业的市场竞争环
境、销售循环特征和实际成本构成，建议对装备制造业的增值税税率进
行必要的下调，并对企业所得税实施优惠税率。

根据上述要求和形势，建议降低宏观税负的思路与理念如下：

第一，适当降低装备制造业企业的增值税税率。根据现行"营改
增"方案，要求企业税负只减不增，财政体制保持平衡，相关国民经
济的重要构成行业改征增值税后，税负都出现了一定程度的下调。下一
步，要考虑到行业之间的税负平衡和企业发展环境的公平有序，进一步
下调装备制造业等高税率、低抵扣、高增值率行业的增值税税率等。按
照简税制的要求，可考虑将目前 17% 的税率水平下调到 15% 左右，以
与其他行业的税负水平保持平衡和基本适当。

第二，根据装备制造业在国民经济运行中的投入性特征，一方面增加装备制造业的抵扣，另一方面可考虑转变装备制造业的财务管理制度和会计标准。允许制造业企业采取移动加权平均的方法来核定成本、费用和收入，实际成本法和移动加权平均法可由企业自行选择，但一经选定，在36个月的时间内应保持稳定。

第三，对于装备制造业新增加的固定资产投资达到一定比例，可以考虑在该纳税年度内免征房产税和城镇土地使用税。作为重要的生产效率之一就是单位面积的 GDP 产出规模和税收产出规模，企业加大设备类固定资产投资，对上述两个指标产生明显的支撑作用，可考虑在相关的财产性课税上予以适当优惠。

五　支持装备制造企业海外投资、并购

一方面，装备制造业企业的跨国并购正在快速发展。2015 年，我国引进外商直接投资中的 20% 左右是以并购的方式进入的，2016 年一季度，这一规模还在以更高的增速提高。而另一方面，我国对海外装备制造业的并购活动也在深入地进行，国家外汇管理部门、商务部门也就"走出去"的跨国并购活动制定了一系列的管理规则和促进措施。

财税政策在支持装备制造企业海外投资、并购方面应着力于以下四个方面：

第一，国内装备制造业海外投资者的税收优惠政策。建议对于项目收益情况较好的国内出资人，其分享的东道国项目收益部分应由国内投资者减按 15% 缴纳所得税，其中的外国出资人免税。对于项目收益情况较差的出资人，其分享的东道国项目投资收益的部分应给予免税优惠（相当于国债募集资金），不区分国内还是外国出资人。而对于直接以项目收益作为收入来源的企业投资，如边际产业的转移项目则根据国际税收协定确定的原则，采取饶让或是抵免的方法予以管理，外国投资者

通过中国企业所分享海外投资项目的收益，享受与中国投资人一样的税收待遇，无须再次代扣税款。此外，如果上述项目获得收益，建议在"十三五"期间用作对东道国或是其他签署投资合作协议的国家进行再投资的不应征收国内税。

第二，落实和完善财税金融支持政策。如设立以人民币为本币的海外合作基金，积极构建和使用双边产能合作基金。设立人民币海外合作基金有两个重要目的，一是提升人民币国际化水平，提高人民币在国际贸易和跨国投资中的地位；二是支持国内制造企业走出去，并加大支持力度和降低汇率风险。随着"走出去"进程的不断加快，规模的不断加大，国际产能合作已成为国内经济转型和创新的重要平台。从我国经济现状出发，国际产能合作，既强调中国与东道国双边的产业联合，也有效提升在第三国市场中的竞争能力，通过中国企业和东道国的目标企业在第三方市场开展产能合作，开拓第三方市场。双边产能合作基金主要是用于前者，人民币海外合作基金则具有综合的作用和影响。我国在双边产能合作基金方面已经开展了相关实践，如"中国—拉美地区"的产能合作基金，规模达到了100亿美元，但并不是以人民币作为计价和支付货币，仍以外汇储备出资为主。相比而言，人民币海外合作基金将更具有延伸性和规模性，由于基金出资以人民币出资为主，可以有效地避免外汇限制，并可在国内与国际金融市场上进行双向融资，对支持人民币汇率水平和国际化进程都具有良好的作用。在当前人民币汇率管理较为敏感的时期，大力推进人民币基金还对中国企业规避汇率风险有切实而重大的帮助。

第三，与东道国签署相关税收协定，订立特殊的装备制造业海外投资国家税收优惠政策。通过政府间协定，约定在建设项目中，基金投资的收益在东道国免征所得税；约定在低收益率的项目中，为项目再融资提供资金的中方投资者免征所得税。对装备制造业海外投资项目在全面建成且未进行收益分配前，暂免征收企业所得税，以鼓励资金流入、加快建设速度。对基金投资基础设施的所获收益免征所得税，对双方政府间协定确定的项目中处于建设运营期的投资者（项目的债权人或是股权人），给予规定的税收优惠便利。对已经建成或是实施收益分配的项目，东道国则应将项目所获得的税收，用以投资其他国内的基础设施建设，并形成相应的债权或股权。

第四，对参与装备制造业海外投资的国有企业和国有资本采取特殊的管理政策。如允许国有资本及资本收益的灵活管理和处置。投入的国有资本应以确保项目得以立项和建设为目标进行安排，可设计在投资中国有资本独自承担风险或是将自身收益转移支付给其他出资人（投资者）的措施。也即国有资本在装备制造业海外投资的建设中，首要的任务是保障安全，其次是推进合作，再次才是收益和增值，这种思路对于提升国有资本参与经贸合作的积极性，对于保障装备制造业海外投资重大项目的顺利建设和运营都具有重要的意义。

六　建立国产化财政激励机制

在国产化财政激励机制的建设中，我国已经取得了一系列的成功经验。如在首台（套）机制中可获得平均 25% —30% 的项目补贴（最高 50%）；每年圈定一批国家拨款支持的智能装备项目；进一步将数字化车间列为财政扶持的对象；2015 年国家首次通过中央财政保费补贴方式支持首台（套）重大技术装备发展等。

为进一步激励自主创新，促进重要制成品的国产化、优质化，我们建议财税政策应在以下两个方面取得进一步的突破：

一是在中央财政实施首台（套）重大技术装备保费补贴的基础上，推进地方层面的相关协同政策的同步推进。具体政策建议是，重大技术装备制造企业开展投保业务，在已经获得中央财政补贴的前提下，根据投保产品满足《首台（套）重大技术装备推广应用指导目录》要求的情况，省级财政应给予相关扶持，如再给予核定保费 10% 的补助。通过这一政策，在充分考虑政府补贴的基础上，通过有效筹划，企业自身将只需承担全部保费的 10%。

二是进一步完善对自主创新产品和国产产品的政策采购政策。建议在政府采购中坚持实质平衡的原则进行改革和推进，如在采购目录的设置中，对采购文件的分数赋值进行倾斜或给予一定幅度的评审价格饶让，从而提高目录中产品中标可能性。在制定鼓励创新政策的方面，要根据国际规则和惯例做法，建立健全支持创新的产品和服务的采购制度，坚持社会性、创新性与竞争性、成本性的有效平衡，对关键性项目、重点技术产品开展政府采购首购、订购，并探讨开展采购预算中期化，采购评审优先，采购价格饶让，竞争性谈判采购等政策，增强政府采购创新产品和服务的功能与作用。

七　加大对企业技术研发的财政补贴力度

我国已经对企业技术研发活动建立了较为完整的财政补贴制度。从目前的实施情况来看，大部分财政补贴安排的是前补助，政府对研发活动的参与过多，政府性资金的便利性较差，研发成果与成果转化之间缺少必要的联动性和协调性。为提升政策效力，化解运行中的矛盾和问题，建议通过建立政府专项支持资金的方式，通过后补助的方法，加大对企业技术研发的财政补贴力度，并提高补贴效果。具体建议是：

建议建立中央和地方政府层面的多层次企业研究开发补助资金。该资金是指由财政预算安排专项用于推进企业技术研究开发的后补助资金。该资金应坚持以下三个原则：一是公平公正、依法依规。对已建立研发准备金制度的企业，根据经核实的企业研发投入情况对企业实行补助，公平覆盖符合规定的企业。二是创新机制、科学分配。建立多部门协调管理和多层级联动扶持的运作机制，以及多方合作参与的项目遴选及资金分配机制。三是绩效管理、信息公开。建立科学的绩效评估体系，实行项目绩效目标审核、绩效跟踪督查、绩效评价的绩效管理机制，按规定向社会公开项目信息。

该补助资金支持项目采用事后奖补的支持方式。建议在 2015—2017 年，中央财政通过专项转移支付，按上一年度企业研究开发投入实际情况分配给地方政府，由地方政府相关项目主管部门即企业所在地科技主管部门会同财政部门、其他有关部门，采取事后奖补的方式按规定统一拨付。此外，应对奖补后的企业行为进行观察，鼓励企业进行持续性的创新和提升。

八　支持装备制造基础零部件的发展

如前所述，我国装备制造业的技术能力和产出水平提升较快，大型成套装备已具有一定程度的国际竞争能力和生产保障能力，但基础零部件和基础工艺却存在无法满足配套要求的情况，已成为装备制造业升级和创新的重要障碍。根据《中国制造 2025》和"十三五规划"的要求，基础零部件的发展目标是：通过三年努力，使我国机械基础零部件制造水平得到明显提高，自主创新能力实现较大提升，产业结构不合理的局面得到改善，逐步扭转基础零部件产业发展严重滞后的被动局面。

上述目标的具体要求包括：突破一批基础零部件制造关键技术，产品技术水平达到 21 世纪初国际先进水平；研发一批关键基础零部件，掌握一批拥有自主知识产权的核心技术，重大装备基础零部件配套能力提高到 70% 以上；调整产业和产品结构，发展一批高附加值产品，培育一批具有国际竞争力的专业化强的基础零部件企业及知名品牌；加大技术改造支持力度，着重加强工艺装备及检测能力建设，创建若干行业技术服务平台，完善技术创新体系，夯实技术创新基础。

为实现上述目标，我们的政策建议包括加大财政投资和组建专项发展基金两个方面：

一是加大力度，发挥财政投资的能力，加强对科技创新的投入，提升基础零部件产业的制造水平和竞争能力。加大国家和各省区的重点产业振兴和技术改造专项资金对机械基础零部件产业自主创新和产业化建设项目的支持力度，并关注引进先进技术后进行自主吸收和消化再创新的项目，调配专项财政资金给予重点支持；加大对具有产业创新共性的公共服务平台的支持力度，优先支持相关产业功能区、高新技术园区的公共（技术）服务平台；推动和支持社会资本、外商投资企业向机械基础零部件产业研发领域加大投资力度，并推动产业转型升级。

二是根据财政体制改革的要求，以财政资金为手段，建立基础零部件专项支持资金和基金，以专门推进基础科技开发，服务基础工艺的创新发展。在实践中，可针对基础零部件产业存在矛盾与问题，密切与国家科技支撑计划的衔接程度，重点破除关键技术领域的限制。研究开发高水平数控装备与基础制造装备所需要的关键基础零部件，支持将关键零部件国产化水平作为专项主机装备的评价指标。

九 建立支持制造业强国战略的 财政政策关系矩阵

关系矩阵包括两个维度：一是财政政策维度，即政府引导基金、财政投资、税制和税政、财政补贴、财政担保、政府采购等；二是制造业强国维度，包括产业布局、产业集群、平台建设、生产服务业、海外投资并购、国产化、技术研发、基础零部件等。为简便起见，我们在关系矩阵的设计中，以财政政策及其构成措施为基本维度，以制造业强国作为导向维度，具体的关系型矩阵设计包括（见表8—2）：

表 8—2　　　　　　　　　　　制造业强国财税政策的关系型矩阵

政策名称	政策手段	政策着力点	政策层面
政府引导基金	中西部产业发展引导基金	产业布局	中央
	园区产业调整扶持基金	产业集群	中央、地方
	园区基础设施建设支持基金	产业集群	中央、地方
	产业平台政府引导基金	平台发展	中央、地方
	科技计划专项及基金	平台发展	中央、地方
	人民币海外合作基金	企业海外投资	中央
	双边产能合作基金	企业海外投资	中央
	基础零部件专项支持资金	基础零部件	中央、地方
财政投资	中西部地区园区发展专项债	产业布局	中央授权
	园区国有投资和运营公司	产业集群	地方
	科技创新和形态创新投入	平台发展	中央、地方
	海外投资国有企业与资产的特殊管理	企业海外投资	中央、地方
	技术进步的财政直接投资	基础零部件	中央、地方
税制和税政	物流和总分机构纳税优化	产业布局	中央
	关键性产业的税收优惠安排	产业集群	中央
	集聚区特别关税和转口政策	产业集群	中央
	研发费用目录纳入委托研发和研究性服务购买	生产性服务业	中央
	互联网设备和设施纳入投资抵税	生产性服务业	中央
	更加灵活的退换货税务处理	生产性服务业	中央
	降低装备制造业增值税率	普遍性	中央
	国内装备制造业海外投资者税收优惠	企业海外投资	中央
	双边制造业投资税收优惠	企业海外投资	中央
财政补贴	由补建设到补运营	平台发展	中央、地方
	地方层面的首台（套）保费补贴	国产化	地方
	企业研究开发补贴资金	企业技术研发	中央、地方
财政担保	园区企业更新改造融资担保	产业集群	中央、地方
政府采购	园区采购专业公共服务机制	产业集群	地方
	自主创新产品和国产产品的采购政策	国产化	中央授权

　　该关系型矩阵及其具体的政策建议就成为我们对支持制造业强国战略的财税政策体系的基本建议框架。

参考文献

[1] Petty, W. , *A Treatise of Taxes & Contributions*. McMaster University Archive for the History of Economic Thought, 1662.

[2] Clark, C. , *The National Income* 1924 – 1931, Routledge, 1965.

[3] Kuznets, S. , *National Income and Capital Formation*. 1919 – 1935. National Bureau of Economic Research, 1937.

[4] Ernst, D. , "Global Production Networks and Industrial Upgrading—a Knowledge-Centered Approach", East-West Center Working Papers, Economics Series, No. 25, 2001.

[5] Oniki, H. , & Uzawa, H. , "Patterns of Trade and Investment in a Dynamic Model of International Trade", *Review of Economic Studies*, Vol. 32, No. 1, 1965, pp. 1165 – 1172.

[6] Gary Gereffi, John Humphrey, Timothy Sturgeon, "The Governance of Global Value Chains", *Review of International Political Economy*, Vol. 12, No. 1, 2005, pp. 78 – 104.

[7] Alfred Marshall, "Elements of Economics of Industry", *British Journal of Industrial Relations*, Vol. 2, No. 1, 1910, pp. 66 – 78.

[8] Dixit, A. K. , Stiglitz, J. E. , "Monopolistic Competition and Optimum Product Diversity", *American Economic Review*, Vol. 67, No. 3, 1977,

pp. 297 – 308.

[9] Krugman, P. R. , "Increasing Returns and Economic Geography", *Journal of Political Economy*, Vol. 99, No. 3, 1991, pp. 483 – 499.

[10] Krugman, P. R. , "History Versus Expectations", *Quarterly Journal of Economics*, Vol. 106, No. 2, 1991, pp. 651 – 667.

[11] Krugman, P. R. , "History and Industry Location: The Case of the Manufacturing Belt", *American Economic Review*, Vol. 81, No. 2, 1991, pp. 80 – 83.

[12] Venables, A. J. , "Equilibrium Locations of Vertically Linked Industries", *International Economic Review*, Vol. 37, No. 2, 1996, pp. 341 – 59.

[13] Solow, R. M. , "A Contribution to the Theory of Economic Growth". *The Quarterly Journal of Economics*, Vol. 70, No. 1, 1956, pp. 65 – 94.

[14] Glaeser, B. E. L. , Scheinkman, J. A. , & Shleifer, A. , "On the Mechanics of Economic Development", *Journal of Monetary Economics*, Vol. 22, No. 1, 2010, pp. 3 – 42.

[15] Romer, P. M. , "The Origins of Endogenous Growth". *Journal of Economic Perspectives*, Vol. 8, No. 1, 1994, pp. 3 – 22.

[16] Romer, P. M. , "Endogenous Technological Change", *Journal of Political Economy*, Vol. 98, No. 5, 1990, pp. S71 – S102.

[17] Findlay, R. , "Factor Proportions and Comparative Advantage in the Long Run", *Journal of Political Economy*, Vol. 78, No. 1, 1970, pp. 27 – 34.

[18] Okita, S. , "Special Presentation: Prospect of Pacific Economics", in Korea Development Institute (ed.) Pacific Cooperation: Issues and Opportunities. Report of the Fourth Pacific Economic Cooperation Con-

ference, Seoul, Korea, 1985.

[19] Kojima, K. , "The Flying Geese" Model of Asian Economic Development: Origin, Theoretical Extensions, and Regional Policy Implications", *Journal of Asian Economics*, Vol. 11, No. 4, 2000, pp. 375 – 401.

[20] Hsieh, C. T. , & Klenow, P. J. , "Misallocation and Manufacturing TFP in China and India", The Quarterly Journal of Economics, Vol. 124, No. 4, 2009, pp. 1403 – 1448.

[21] Syverson, Chad. , "What Determines Productivity?" NBER Working Paper, *Journal of Economic Literature*, Forthcoming (2011).

[22] Baldwin, R. E. , "Heterogeneous Firms and Trade: Testable and Untestable Properties of the Melitz Model", NBER Working Papers, 2005.

[23] Melitz, Marc. , "The Impact of Trade on Intra-Industry Reallocations and Aggregate Industry Productivity", *Econometrica*, Vol. 71, No. 6, 2003, pp. 1695 – 1725.

[24] Okubo, T. , "Firm Heterogeneity and Location Choice [R]". RIEB Discussion Paper Series, 2010.

[25] Fujita, M. , Thisse, J. F. , *Economics of Agglomeration : Cities, Industrial Location, and Regional Growth*. Cambridge University Press, Cambridge, 2002.

[26] Baldwin, R. , & Okubo, T. , "Tax Reform, Delocation, and Heterogeneous Firms". *The Scandinavian Journal of Economics*, 111 (4), 2009, pp. 741 – 764.

[27] Okubo, T. , Tomiura, E. , "Industrial Relocation Policy, Productivity and Heterogeneous Plants: Evidence from Japan", *Regional Science & Urban Economics*, Vol. 42, No. 1 – 2, 2012, pp. 230 – 239.

［28］Kind, H. J. , Knarvik, K. H. M. , Schjelderup, G. , & Ulltveit-Moe, K. H. , "Industrial Agglomeration and Capital Taxation", Discussion Paper 7/98, Department of Economics, Norwegian School of Economics & Business Administration, Norwegian School of Economics and Business Administration, 1998.

［29］Rodrik, D. . . "What's so Special About China's Exports?" *China and World Economy*, Vol. 14, No. 5, 2006, pp. 1 – 19.

［30］Ludema, R. D. , Wooton, I. , "Economic Geography and the Fiscal Effects of Regional Integration", *Journal of International Economics*, Vol. 52, No. 2, 1998, pp. 331 – 357.

［31］Friedman, M. , & Friedman, R. D. , "Free to Choose: a Personal Statement", *Canadian Public Policy*, Vol. 62, No. 246, 1980, pp. 158 – 169.

［32］国务院：《中国制造 2025》，2015 年 5 月 8 日发布。

［33］国务院：《中华人民共和国国民经济和社会发展第十三个五年规划纲要》，2016 年 3 月 22 日发布。

［34］中共中央、国务院：《关于全面振兴东北地区等老工业基地的若干意见》，2016 年 4 月 27 日发布。

［35］张其仔：《比较优势演化与中国产业升级路径的选择》，《中国工业经济》2008 年第 9 期。

［36］金碚：《稳中求进的中国工业经济》，《中国工业经济》2013 年第 8 期。

［37］韩国高、高铁梅、王立国等：《中国制造业产能过剩的测度、波动及成因》，《经济研究》2011 年第 12 期。

［38］罗德明、李晔、史晋川：《要素市场扭曲、资源错置与生产率》，《经济研究》2012 年第 3 期。

［39］杨振、陈甬军：《中国制造业资源误置及福利损失测度》，《经济

研究》2013 年第 3 期。

[40] 江飞涛、耿强、吕大国、李晓萍：《地区竞争、体制扭曲与产能过剩的形成机理》，《中国工业经济》2012 年第 6 期。

[41] 刘航、孙早：《城镇化动因扭曲与制造业产能过剩——基于2001—2012 年中国省级面板数据的经验分析》，《中国工业经济》2014 年第 11 期。

[42] 官建成、陈凯华：《我国高技术产业技术创新效率的测度》，《数量经济技术经济研究》2009 年第 10 期。

[43] 原毅军、耿殿贺：《中国装备制造业技术研发效率的实证研究》，《中国软科学》2010 年第 3 期。

[44] 王章豹、孙陈：《我国装备制造业行业技术创新效率测度研究》，《中国科技论坛》2007 年第 8 期。

[45] 鲁晓东、连玉君：《中国工业企业全要素生产率估计：1999—2007》，《经济学》（季刊）2012 年第 2 期。

[46] 杨汝岱：《中国制造业企业全要素生产率研究》，《经济研究》2015 年第 2 期。

[47] 牛泽东、张倩肖：《中国装备制造业的技术创新效率》，《数量经济技术经济研究》2012 年第 11 期。

[48] 林洲钰、林汉川：《中国制造业企业的技术创新活动——社会资本的作用》，《数量经济技术经济研究》2012 年第 10 期。

[49] 杨立强：《中国制造业参与国际生产的外包承接策略》，《国际经贸探索》2008 年第 1 期。

[50] 张杰、李勇、刘志彪：《出口与中国本土企业生产率——基于江苏制造业企业的实证分析》，《管理世界》2008 年第 11 期。

[51] 张少军、刘志彪：《全球价值链模式的产业转移——动力、影响与对中国产业升级和区域协调发展的启示》，《中国工业经济》2009 年第 11 期。

[52] 唐海燕、张会清:《产品内国际分工与发展中国家的价值链提升》,《经济研究》2009 年第 9 期。

[53] 邱斌、叶龙凤、孙少勤:《参与全球生产网络对我国制造业价值链提升影响的实证研究——基于出口复杂度的分析》,《中国工业经济》2012 年第 1 期。

[54] 胡志强:《技术对我国产业结构变化影响的量化研究》,《科学与科学技术管理》2005 年第 4 期。

[55] 竺彩华:《FDI 外部性与中国产业发展》,经济科学出版社 2008 年版。

[56] 傅元海、叶祥松、王展祥:《制造业结构优化的技术进步路径选择——基于动态面板的经验分析》,《中国工业经济》2014 年第 9 期。

[57] 黄茂兴、李军军:《技术选择、产业结构升级与经济增长》,《经济研究》2009 年第 7 期。

[58] 李廉水、杨浩昌、刘军:《我国区域制造业综合发展能力评价研究——基于东、中、西部制造业的实证分析》,《中国软科学》2014 年第 2 期。

[59] 刘伟、张辉、黄泽华:《中国产业结构高度与工业化进程和地区差异的考察》,《经济学动态》2008 年第 1 期。

[60] 曲玥、蔡昉、张晓波:《"飞雁模式"发生了吗?——对 1998—2008 年中国制造业的分析》,《经济学》(季刊)2013 年第 3 期。

[61] 张其仔:《中国能否成功实现雁阵式产业升级》,《中国工业经济》2014 年第 6 期。

[62] 易靖韬:《企业异质性、市场进入成本、技术溢出效应与出口参与决定》,《经济研究》2009 年第 9 期。

[63] 赵伟、赵金亮、韩媛媛:《异质性、沉没成本与中国企业出口决定:来自中国微观企业的经验证据》,《世界经济》2011 年第

4 期。

[64] 黄玖立、冼国明：《企业异质性与区域间贸易：中国企业市场进入的微观证据》，《世界经济》2012 年第 4 期。

[65] 李春顶、尹翔硕：《我国出口企业的"生产率悖论"及其解释》，《财贸经济》2009 年第 11 期。

[66] 李春顶：《中国出口企业是否存在"生产率悖论"：基于中国制造业企业数据的检验》，《世界经济》2010 年第 7 期。

[67] 范剑勇、冯猛：《中国制造业出口企业生产率悖论之谜：基于出口密度差别上的检验》，《管理世界》2013 年第 8 期。

[68] 孙浦阳、蒋为、张龑：《产品替代性与生产率分布——基于中国制造业企业数据的实证》，《经济研究》2013 年第 4 期。

[69] 高凌云、屈小博、贾鹏：《中国工业企业规模与生产率的异质性》，《世界经济》2014 年第 6 期。

[70] 殷德生、唐海燕、黄腾飞：《国际贸易、企业异质性与产品质量升级》，《经济研究》2011 年第 2 期。

[71] 周明海、肖文、姚先国：《企业异质性、所有制结构与劳动收入份额》，《管理世界》2010 年第 10 期。

[72] 施炳展：《中国企业出口产品质量异质性：测度与事实》，《经济学》（季刊）2014 年第 1 期。

[73] 简泽：《企业间的生产率差异、资源再配置与制造业部门的生产率》，《管理世界》2011 年第 5 期。

[74] 梁琦、李晓萍、简泽：《异质性企业的空间选择与地区生产率差距研究》，《统计研究》2013 年第 6 期。

[75] 李颖：《区域生产要素在异质性企业间的配置效率研究——来自中国制造业企业的证据》，《经济地理》2013 年第 9 期。

[76] 武力超、文家奕：《中国企业工资差距是否影响地区收入分配？——基于企业异质性视角的分析》，《经济科学》2013 年第

1 期。

[77] 邓子梁、陈岩：《外商直接投资对国有企业生存的影响：基于企业异质性的研究》，《世界经济》2013 年第 12 期。

[78] 田巍、余淼杰：《企业生产率和企业"走出去"对外直接投资：基于企业层面数据的实证研究》，《经济学》（季刊）2012 年第 2 期。

[79] 严兵、张禹、韩剑：《企业异质性与对外直接投资——基于江苏省企业的检验》，《南开经济研究》2014 年第 4 期。

[80] 周凯歌：《警惕德工业 4.0 给中国制造业带来陷阱》，《证券时报》2015 年第 8 期。

[81] 李钢、金碚：《中国制造业发展现状的基本判断》，《经济研究参考》2009 年第 41 期。

[82] 江飞涛、武鹏、李晓萍：《中国工业经济增长动力机制转换》，《中国工业经济》2014 年第 5 期。

[83] 李钢、廖建辉、向奕霓：《中国产业升级的方向与路径——中国第二产业占 GDP 的比例过高了吗》，《中国工业经济》2011 年第 10 期。

[84] 孙红玲：《论产业纵向集聚与财政横向均衡的区域协调互动机制》，《中国工业经济》2010 年第 4 期。

[85] 潘文卿、刘庆：《中国制造业产业集聚与地区经济增长——基于中国工业企业数据的研究》，《清华大学学报》（哲学社会科学版）2012 年第 1 期。

[86] 文东伟、冼国明：《中国制造业产业集聚的程度及其演变趋势：1998—2009 年》，《世界经济》2014 年第 3 期。

[87] 梁琦、吴俊：《财政转移与产业集聚》，《经济学》（季刊）2008 年第 4 期。

[88] 李扬：《西部地区产业集聚水平测度的实证研究》，《南开经济研

究》2009 年第 4 期。

[89] 李君华、彭玉兰：《城市发展的路径选择：专业化还是多样化?》，《商业研究》2010 年第 5 期。

[90] 赵璐、赵作权：《中国制造业的大规模空间聚集与变化——基于两次经济普查数据的实证研究》，《数量经济技术经济研究》2014 年第 10 期。

[91] 张艳、刘亮：《经济集聚与经济增长——基于中国城市数据的实证分析》，《世界经济文汇》2007 年第 1 期。

[92] 刘修岩：《集聚经济与劳动生产率：基于中国城市面板数据的实证研究》，《数量经济技术经济研究》2009 年第 7 期。

[93] 陈建军、陈菁菁：《生产性服务业与制造业的协同定位研究——以浙江省 69 个城市和地区为例》，《中国工业经济》2011 年第 6 期。

[94] 盛丹、王永进：《产业集聚、信贷资源配置效率与企业的融资成本——来自世界银行调查数据和中国工业企业数据的证据》，《管理世界》2013 年第 6 期。

[95] 范剑勇、冯猛、李方文：《产业集聚与企业全要素生产率》，《世界经济》2014 年第 5 期。

[96] 胡翠、谢世清：《中国制造业企业集聚的行业间垂直溢出效应研究》，《世界经济》2014 年第 9 期。

[97] 王永进：《基础设施如何提升了出口技术复杂度》，《经济研究》2010 年第 7 期。

[98] 张光南、李小瑛、陈广汉：《中国基础设施的就业、产出和投资效应——基于 1998—2006 年省际工业企业面板数据研究》，《管理世界》2010 年第 4 期。

[99] 刘秉镰、刘玉海：《交通基础设施建设与中国制造业企业库存成本降低》，《中国工业经济》2011 年第 5 期。

[100] 张光南、宋冉:《中国交通对"中国制造"的要素投入影响研究》,《经济研究》2013 年第 7 期。

[101] 何晓萍:《基础设施的经济增长效应与能耗效应——以电网为例》,《经济学》(季刊)2014 年第 4 期。

[102] 张学良:《中国交通基础设施促进了区域经济增长吗——兼论交通基础设施的空间溢出效应》,《中国社会科学》2012 年第 3 期。

[103] 张光南、洪国志、陈广汉:《基础设施、空间溢出与制造业成本效应》,《经济学》(季刊)2014 年第 1 期。

[104] 李廉水、杜占元:《"新型制造业"的概念、内涵和意义》,《科学学研究》2005 年第 2 期。

[105] 李平、王钦、贺俊、吴滨:《中国制造业可持续发展指标体系构建及目标预测》,《中国工业经济》2010 年第 5 期。

[106] 毛其淋、盛斌:《贸易自由化、企业异质性与出口动态——来自中国微观企业数据的证据》,《管理世界》2013 年第 3 期。

[107] 李廉水、程中华、刘军:《中国制造业"新型化"及其评价研究》,《中国工业经济》2015 年第 2 期。

[108] 陆剑、柳剑平、程时雄:《中国与 OECD 主要国家工业行业技术差距的动态测度》,《世界经济》2014 年第 9 期。

[109] 吴丰华、刘瑞明:《产业升级与自主创新能力构建——基于中国省际面板数据的实证研究》,《中国工业经济》2013 年第 5 期。

[110] 严兵、冼国明、韩剑:《制造业行业收入不平等变动趋势及其成因分解》,《世界经济》2012 年第 12 期。

[111] 李钢、沈可挺、郭朝先:《中国劳动密集型产业竞争力提升出路何在——新〈劳动合同法〉实施后的调研》,《中国工业经济》2009 年第 9 期。

[112] 李世祥、成金华:《中国主要工业省区能源效率分析:1990—

2006 年》,《数量经济技术经济研究》2008 年第 10 期。

[113] 魏楚、沈满洪:《结构调整能否改善能源效率:基于中国省级数据的研究》,《世界经济》2008 年第 11 期。

[114] 王秋彬:《工业行业能源效率与工业结构优化升级——基于 2000—2006 年省际面板数据的实证研究》,《数量经济技术经济研究》2010 年第 10 期。

[115] 王班班、齐绍洲:《有偏技术进步、要素替代与中国能源强度》,《经济研究》2014 年第 2 期。

[116] 周大鹏:《制造业服务化对产业转型升级的影响》,《世界经济研究》2013 年第 9 期。

[117] 张艳、唐宜红、周默涵:《服务贸易自由化是否提高了制造业企业生产效率》,《世界经济》2013 年第 11 期。

[118] 江静、刘志彪、于明超:《生产者服务业发展与制造业效率提升:基于地区和行业面板数据的经验分析》,《世界经济》2007 年第 8 期。

[119] 顾乃华:《生产性服务业对工业获利能力的影响和渠道——基于城市面板数据和 SFA 模型的实证研究》,《中国工业经济》2010 年第 5 期。

[120] 黄玖立、李坤望:《对外贸易、地方保护和中国的产业布局》,《经济学》(季刊)2006 年第 5 卷第 2 期。

[121] 成力为、孙玮、孙雁泽:《地方政府财政支出竞争与区域资本配置效率——区域制造业产业资本配置效率视角》,《公共管理学报》2009 年第 6 期。

[122] 梁琦、李晓萍、吕大国:《市场一体化、企业异质性与地区补贴——一个解释中国地区差距的新视角》,《中国工业经济》2012 年第 2 期。

[123] 安苑:《财政资源再配置如何影响制造业的经济效率》,《江西财

经大学学报》2014 年第 1 期。

[124] 马念谊、吴若冰：《产业税收优惠中的隐性税收问题研究——基于中国制造业的实证分析》，《经济问题探索》2014 年第 11 期。

[125] 陈宇、佟琳：《我国产业结构升级的财税政策取向》，《税务研究》2015 年第 4 期。

[126] 张万强：《提升中国装备制造业市场竞争力的财政政策研究》，博士学位论文，辽宁大学，2013 年。

[127] 张同斌、高铁梅：《财税政策激励、高新技术产业发展与产业结构调整》，《经济研究》2012 年第 5 期。

[128] 赵福军：《支持战略性新兴产业财税政策国际经验及借鉴》，《地方财政研究》2015 年第 6 期。

[129] 张万强、潘敏：《财政政策影响装备制造业发展的经验分析》，《财经问题研究》2015 年第 7 期。

[130] 尹伟华：《中国制造业参与全球价值链的程度与方式——基于世界投入产出表的分析》，《经济与管理研究》2015 年第 8 期。

[131] 江飞涛、李晓萍：《新工业革命与经济新常态背景下中国产业政策转型的基本逻辑》（http://www.aisixiang.com/data/89278.html）。

[132] 刘世锦：《牢固确定制造立国的理念和战略》，《北京日报》2015 年 8 月 24 日。

[133] 王直板：《"中国制造"须向"德国制造"学什么》，《中国经营报》2013 年 6 月 3 日。

[134] 赵昌文：《中国制造业是大国复兴的产业基础》，2015 年 5 月 20 日，新华网。

[135] 张茉楠：《中国经济持续增长要靠全要素生产率提高》，《中国经营报》2015 年 12 月 26 日。

[136] 德勤制造业行业报告：《从"中国制造"到"中国智造"》，

2014 年 10 月。

[137] 李钢：《劳动力素质对中国产业升级的影响》，载《中国社会科学工业经济研究所研究报告》，2014 年。

[138] 张厚明：《"一带一路"助推装备制造业"走出去"》，《中国经济时报》2015 年 10 月 29 日。

[139] 杨汝岱：《中国制造业全要素生产率问题探讨》，《东方早报（上海）》2015 年 12 月 1 日。

[140] 黄群慧、贺俊：《中国制造业的核心能力、功能定位与发展战略——兼评〈中国制造 2025〉》，《中国工业经济》2015 年第 6 期。

[141] 黄健柏、黄阳华、江飞涛：《新产业革命与产能过剩背景下我国制造业转型升级战略调整研究报告》，2015 年。

[142] 中国社会科学院工业经济研究所：《"十三五"中国制造业发展战略及对策研究》，2015 年 2 月 9 日。

[143] 《制造业创新驱动发展战略研究报告》课题组：《制造业创新驱动发展战略研究报告》，2015 年 2 月。

[144] 世界银行 World Development Indicators 数据库。

[145] 创业邦网站（http：//www.cyzone.cn/a/20141218/267225.html）。

[146] 经济学人智库（The EIU）：《优势依旧——中国制造业劳动力成本分析》，2015 年。

[147] 丁纯、李君扬：《德国"工业 4.0"：内容、动因与前景及其启示》，《德国研究》2014 年第 4 期。

[148] 商小虎：《我国装备制造业技术创新模式研究》，博士学位论文，上海社会科学院，2013 年。

[149] 温茜茜：《中国产业发展模式研究——以汽车零部件产业为例》，博士学位论文，复旦大学，2013 年。

［150］袁嘉怡：《国家电网公司主辅业分离问题研究》，硕士学位论文，首都经济贸易大学，2015 年。

［151］杨书群：《现代服务业发展的新视角：制造业的主辅分离——以广东省佛山市为例》，《哈尔滨市委党校学报》2012 年第 3 期。

［152］井崇任：《促进高端装备制造业发展的财税政策研究》，硕士学位论文，东北财经大学，2013 年。

［153］中国生产力学会编：《2007—2008 中国生产力发展研究报告——重大技术装备制造业发展研究》，中国统计出版社 2009 年版。

［154］陈爱贞：《中国装备制造业自主创新的制约与突破——基于全球价值链的竞争视角分析》，《南京大学学报》（哲学·人文科学·社会科学版）2008 年第 1 期。

［155］崔纯：《中国生产性服务业促进装备制造业发展研究》，博士学位论文，辽宁大学，2013 年。

［156］袁艳平：《战略性新兴产业链构建整合研究——基于光伏产业的分析》，博士学位论文，西南财经大学，2012 年。

［157］赵磊：《中国制造业产业链存在的问题及对策研究》，硕士学位论文，吉林大学，2011 年。